SÓCRATES
E A ARTE
DE VIVER

Dados Internacionais de Catalogação na Publicação (CIP)
(Câmara Brasileira do Livro, SP, Brasil)

Ismael, J. C.
  Sócrates e a arte de viver : um guia para a filosofia no cotidiano
/ J. C. Ismael – São Paulo : Ágora, 2004.

  Bibliografia.
  ISBN 85-7183-874-7

  1. Filosofia antiga 2. Sócrates I. Título

04-5473   CDD-180

Índice para catálogo sistemático:

1. Sócrates : Filosofia   180

Compre em lugar de fotocopiar.*
Cada real que você dá por um livro recompensa seus autores
e os convida a produzir mais sobre o tema;
incentiva seus editores a encomendar, traduzir e publicar
outras obras sobre o assunto;
e paga aos livreiros por estocar e levar até você livros
para a sua informação e o seu entretenimento.
Cada real que você dá pela fotocópia não autorizada de um livro
financia o crime
e ajuda a matar a produção intelectual de seu país.

SÓCRATES E A ARTE DE VIVER

~

UM GUIA PARA A FILOSOFIA NO COTIDIANO

J. C. ISMAEL

EDITORA
ÁGORA

SÓCRATES E A ARTE DE VIVER
Um guia para a filosofia no cotidiano
Copyright © 2004 by J. C. Ismael
Direitos desta edição reservados por Summus Editorial

Capa: **Renata Buono**
Projeto gráfico e diagramação: **Crayon P&PG**
Fotolitos: **Join Bureau**

Editora Ágora

Departamento editorial:
Rua Itapicuru, 613 – 7º andar
05006-000 – São Paulo – SP
Fone: (11) 3872-3322
Fax: (11) 3872-7476
http://www.editoraagora.com.br
e-mail: agora@editoraagora.com.br

Atendimento ao consumidor:
Summus Editorial
Fone: (11) 3865-9890

Vendas por atacado:
Fone: (11) 3873-8638
Fax: (11) 3873-7085
e-mail: vendas@summus.com.br

Impresso no Brasil

Para Vilém Flusser, saudoso provocador.

"Uma vida que não
é continuamente
examinada é indigna
de ser vivida."
Sócrates

Sócrates foi o primeiro filósofo a levar a filosofia ao homem comum, e, propondo uma forma nova de reflexão, instigou-o a questionar os valores morais da sua vida.
CÍCERO (106-43 a.C.)

Se não sois Sócrates, vivei como alguém que deseja tornar-se Sócrates.
EPITETO (55?-138?)

Santo Sócrates, orai por nós.
ERASMO (1466-1536)

Sócrates fez descer dos céus, onde era inútil, o saber humano, e entregou-o ao homem, em quem encontra a razão de ser. Com isso, prestou-lhe um grande serviço, mostrando quanto ele pode fazer por si mesmo.
MONTAIGNE (1533-1592)

Sócrates apresenta-se como o primeiro que, em virtude de um profundo instinto de sabedoria, soube não somente viver mas, principalmente, morrer.
NIETZSCHE (1844-1900)

Sócrates é o apóstolo da liberdade moral, separado de todo dogma e de toda tradição, e, sem outro governo além daquele emanado de si próprio, é obediente apenas à voz da sua consciência.
WERNER JAEGER (1888-1961)

Sócrates deu a vida não por um credo ou uma doutrina específica – ele não tinha nenhum dos dois –, mas simplesmente pelo direito de examinar as opiniões alheias, pensar sobre elas e pedir a seus interlocutores que fizessem o mesmo.
HANNAH ARENDT (1906-1975)

SUMÁRIO

Introdução
A sedução de Sócrates......11

CAPÍTULO I – AS ORIGENS DA FILOSOFIA......15
Homero: a odisséia do humano......15
Os jônicos: adeus aos mitos......21
Pitágoras e Heráclito: lógica e impermanência......26
Os eleatas: o primado do conhecimento......30
Empédocles e Anaxágoras: conflito e caos......34
Os atomistas: o espaço revisitado......37
Os sofistas: o comércio do saber......39

**CAPÍTULO II – O SÓCRATES HISTÓRICO
E SEUS CONCEITOS FUNDAMENTAIS......45**

CAPÍTULO III – DEZ LIÇÕES DO SOCRATISMO......67
Cuide da alma......70
Tome conta da sua vida......73
A liturgia da amizade......75
A natureza do amor......77
O que é ser livre......80
Quando transgredir é salvar-se......82
O indivíduo e o cidadão......84
Não se leve a sério......86
Tenha somente o necessário......88
Viva a arte de morrer......90

Apêndice
Seleção de trechos da *Apologia* e de catorze *Diálogos* de Platão......93

Indicações de leitura e de consulta......153

INTRODUÇÃO
A SEDUÇÃO
DE SÓCRATES

~

Afirmar que Sócrates foi um mártir resoluto da filosofia é inevitável lugar-comum quando recordamos a injustiça da sua execução e o seu extraordinário legado, centrado na idéia de que a filosofia, a mais poderosa das manifestações divinas, só atinge a perfeição quando está a serviço do exame da condição humana – cujas zonas sombrias ele corajosamente iluminou com a luz da razão. Seu deus, fonte primordial da eterna sabedoria e que escapa a qualquer classificação convencional, lhe ensinou que pecar é ignorar, e que a purificação da alma passa necessariamente pelo autoconhecimento do homem, desde sempre atormentado por medos, desejos, carências, frustrações e aspirações irrealizadas. Sócrates mostrou que a busca da verdade – e não necessariamente o seu encontro – não passa pelo cosmo ou pela natureza, mas pelo território sagrado da alma de cada pessoa disposta a enfrentar a difícil tarefa de transformar-se nela mesma.

Ao seguir na contramão das idéias do seu tempo e introduzir o *homem interior* na filosofia, esse lúcido profeta da decadência que batia às portas da Grécia empenhou-se em mostrar que a procura da felicidade não é ideal meramente hedonista, mas a validação da individualidade, e que ser feliz é estar atento ao desejo do deus interior que nos dotou de razão para investigar nossa vida e renová-la a cada alvorecer. Para Sócrates, a filosofia especulativa, acima de tudo, *ensina como viver*, o que significa que o homem deve pautar sua vida por ações virtuosas que pratica sendo ele mesmo, alcançáveis por meio de um questionamento contínuo dos seus atos – quase sempre contaminados por impulsos emocionais, pela opinião dos outros ou por uma ética subjetiva e oportunista que o faz sentir acima de qualquer julgamento humano ou divino. Filosofar é, em resumo, *pôr-se continuamente em questão*, e não ser um simples depositário de conhecimentos.

Nos últimos anos, a chamada filosofia clínica tem sido proposta por autores como Lou Marinoff, Michael Argyle e Alain de Botton, entre outros, como alternativa à terapia psicológica, seja qual for a escola a que pertença. A proposta básica dos que se intitulam filósofos clínicos é libertar a filosofia dos círculos acadêmicos, colocando-a a serviço do que se poderia definir vagamente como mais um instrumento voltado para a busca da saúde mental. Ainda é uma idéia em aberto, polêmica em essência, mas é inegável que sua prática pode opor o reducionismo do jargão psicológico à racionalidade objetiva da argumentação filosófica, não levando o *paciente* a lugar nenhum – ou talvez apenas à piora do seu estado emocional, campo obviamente estranho à filosofia. Lembremos que quem deseja adotá-la como parceira inestimável para o bom desempenho do ofício de viver não está sendo original, e nem precisamos retroceder à "medicina da alma" de Sócrates ou avançar até a filosofia da existência proposta por pensadores tão diferentes quanto Sören Kierkegaard, Paul Rée, Gabriel Marcel ou Karl Jaspers para descobrir a falsa novidade dessa proposta, mesmo porque a filosofia como uma maneira de viver precedeu a filosofia como disciplina acadêmica, fundada por Platão. Fora do âmbito dos filósofos, é célebre, por seu apaixonado exagero, a defesa da reflexão filosófica que o moralista francês La Bruyère fez trezentos anos atrás: ela é "conveniente para todos: consola-nos da felicidade do outro, das preferências indignas, do fracasso, do declínio das nossas forças ou de nossa beleza; nos arma contra a pobreza, a velhice, a doença e a morte; contra os tolos e os gracejos gratuitos; nos faz viver sem uma mulher, ou nos ajuda a tolerar aquela com quem vivemos" (*Les Caractères*, 132 [1]).

Ao examinar o que significa *tornar-se humano*, Sócrates, precursor daquilo que hoje poderíamos chamar de animador cultural, instituiu uma nova maneira de pensar, tendo por objetivo não mais a ciência ou a natureza, mas o *homem*. Sem fórmulas acadêmicas e sem a pretensão de pregar a verdade última, levava os discípulos e ouvintes a desmontar as armadilhas construídas ao longo da vida que os impediam de usufruí-la com independência e responsabilidade moral. Ensinando, enfim, o homem a libertar-se dos preconceitos morais e intelectuais e da paralisia reacionária que não o deixavam viver plenamente a *sua* vida, Sócrates só fez aumentar o impacto de sua mensagem libertária ao longo do tempo. Para chegar até ela, este livro pretende introduzir o leitor no fascinante enredo do nascimento da filosofia, e, a partir daí, expor o significado revolucionário do humanismo socrático, mostrando que a prática persistente desse humanismo pode ajudá-lo a encontrar os modos e os meios de viver melhor consigo e com a sua circunstância.

O autor
São Paulo, agosto de 2004

CAPÍTULO I
AS ORIGENS DA FILOSOFIA

Homero: a odisséia do humano

A tese de que a filosofia é uma adaptação feita pelos gregos da sabedoria oriental e transmitida aos estudiosos ocidentais nas viagens que teriam feito pelo Egito e pela Babilônia tem fraca sustentação histórica. Nenhum escrito da época áurea do helenismo atesta essa influência – defendida, entre outros, pelos primeiros pregadores do cristianismo com o objetivo de provar que o primado da razão proposto pelos gregos era paradoxal por ser uma adaptação das religiões dos bárbaros (os povos que não falavam a língua grega) que eles próprios combatiam. Porém, a existência de uma filosofia oriental na época é discutível, e mesmo que seus praticantes estivessem em busca do pensamento científico – vale dizer, racional –, nem a astronomia nem a matemática foram com eles além de um estágio primitivo, contaminado por práticas místicas e divinatórias.

Fiquemos, portanto, com o consenso de que a filosofia é uma criação original dos gregos. Quando teria surgido? Provavelmente ao começarem a se fazer novas perguntas, despertando lentamente do entorpecimento causado pela submissão ao universo mítico. Mas por que eles se rebelaram contra o *totalitarismo dos deuses*, em vez de continuar a viver sem nenhum tipo de curiosidade que questionasse suas crenças? O cotidiano continuaria a fluir tranqüilamente se a convivência com a natureza seguisse o curso monótono da alternância das estações, do sol que nasce e se põe, da lua que se ausenta e reaparece. Felizmente, porém, a inquietação mental, sem a qual a humanidade ainda estaria mofando nas cavernas, começou a se manifestar.

Assim, o que seria chamado de filosofia especulativa nasce menos do questionamento feito pelo homem de si mesmo – estágio inaugurado por Sócrates – do que diante da investigação dos fenômenos naturais, chegando à maturidade quando começa não apenas a fazer perguntas, mas a *perguntar por que perguntava*, mergulhando no espanto causado pelas enormes dificuldades – as aporias – que precisaria vencer. Não sabemos em que momento essa inquietação pré-filosófica, digamos assim, deixa de ser difusa e conquista um percurso próprio, desenvolvendo uma linguagem baseada nas relações humanas em vez de se preocupar em compreender a natureza e os seus mistérios. Foi longo o caminho percorrido entre esse *estranhamento pri-*

mordial e os nossos dias, em que a objetividade da filosofia moral pode ajudar a recuperar, aprimorar e impor a individualidade esmagada pelos tentáculos da globalização e das nefastas políticas neoliberais.

Essa trilha começa a ser desbravada por Homero, poeta que teria vivido no século VII[*] e em cuja obra despontam os primeiros sinais da transição entre o pensamento mítico-religioso e os fundamentos posteriores da reflexão filosófica. Deixemos de lado as inúteis discussões sobre a sua biografia – se é esse o seu verdadeiro nome ou o pseudônimo de uma mulher, ou ainda o de um grupo de poetas reunidos para cantar na *Ilíada*, com toda liberdade poética, as causas e seqüelas físicas e morais da lendária (ou não) Guerra de Tróia, cinco séculos antes. O poema não é mera narrativa épica das batalhas: tomando-as como pretexto, Homero faz uma profunda reflexão sobre a natureza humana no mesmo tom cético adotado pelo historiador Tucídides, três séculos depois, na descrição das guerras do Peloponeso. Em Homero, a salvaguarda da superstição é abandonada e substituída pelo significado do confuso papel do homem na Terra, com tudo que abriga de sagrado e profano, de execrável e sublime, de desejo e renúncia, de amor e ódio. Ao se perguntar por que e para que tanto sangue, ambição, luxúria e destruição, Homero, antibelicista convicto, compõe um painel cuja grandeza trágica vem enfeitiçando gerações de todos os tempos e lugares.

---

[*] Como esta, as datações seguintes dos séculos e dos anos são anteriores à Era Cristã.

Mas a pergunta não abandona o grande poeta: ele quer saber por que somos como nos molda o destino – e como gostaríamos de ser se tivéssemos o poder de modificá-lo. Nesse sentido, a dramaturgia das duas obras transcende a simples *ação* para mergulhar nos mistérios da existência, aprisionada num cipoal de acontecimentos inevitáveis. Essa é a essência da tragédia: se o destino não pode ser alterado, a preocupação com ele é o escapismo que afasta o homem do essencial. De que modo, então, equacionar a vida, mantendo a individualidade e o respeito aos valores éticos dentro desse enredo imutável, para fazer da existência um acontecimento único e exemplar? A cosmovisão dos antigos gregos oscilava, assim, entre submeter-se ao destino ou lutar, sempre inutilmente, contra ele – impasse que inspirou a mais cintilante dramaturgia do teatro ocidental.

Narrando, na *Odisséia* – outro poema a ele atribuído –, as aventuras do retorno de Ulisses a Ítaca, vindo da ilha de Ogigia (onde durante sete anos fora prisioneiro da deusa Calipso), e a vingança contra os pretendentes de sua mulher, Penélope, Homero criou uma imortal saga sobre os limites da liberdade e a busca de identidade. O poema é uma pungente meditação sobre o significado último da vida, com seus símbolos morais tratados com um viés racionalista que questiona a autoridade incontrastável dos deuses. Em Homero, ao mesmo tempo que a interpretação do mundo é reservada às classes instruídas, os deuses são prisioneiros de paixões e sentimentos humanos como conseqüência natural da herança arquetípica grega contaminada por mitos arcaicos dos povos da Ásia Central, cuja influência foi absorvida por ele a partir das formulações esotéricas e místicas dos órficos dos povos vizinhos. Ao balançar o berço da civilização ocidental, Homero fez delicados movimentos para que ela, ao assumir a própria identidade, não ficasse impermeável às influências enriquecedoras de outras civilizações. Nisso consiste, em grande parte, a sua grandeza.

Dominada por formas arquetípicas e banhada no caldo primitivo da ordem imposta pelos deuses, a civilização grega encontrara a sua unidade dentro de uma pluralidade de conceitos próprios e alheios. Entretanto, conscientemente ou não, os gregos sentiam que o pensamento autêntico precisava não só ultrapassar a *ilusão proporcionada pelos sentidos*, causa da visão distorcida da realidade, como também transcendê-los a fim de alcançar uma linguagem universal – embora esta, à primeira vista, pudesse estar *regionalizada* pela predominância dos arquétipos, que constituem a essência da dramaturgia trágica de Sófocles, Ésquilo e tantos outros. Muito antes, Homero aprofundara a discussão sobre as armadilhas da dualidade: em vez de harmonizar os contrários (universal/particular, comunidade/indivíduo), ele fez dessa oposição o eixo em torno do qual passou a girar a aventura humana, com suas grandes e miúdas tragédias, alegrias, angústias, carências e ilusões. Se o destino aprisiona, parece dizer Homero, o dualismo é o ferrolho dessa prisão.

Porém, sendo Homero considerado o pai fundador da literatura ocidental, não é temerário afirmar que nela também suas raízes se confundem com aquilo que mais tarde seria chamado *filosofia*, uma vez que suas epopéias estão longe de ter caráter dogmático ou especulativo? A resposta, óbvia, é que com Homero começa o declínio do pensamento mítico causador da visão embaçada que o homem tinha de si mesmo, vale dizer, do seu valor humano como pessoa única. Homero deu, assim, os primeiros e decisivos passos em direção ao antropocentrismo ao valorizar dramaticamente menos os mitos do que os homens, cujas emoções descreve com grande carga de realismo. Procurando harmonizar o temporal e o eterno, a liberdade e a necessidade, e abandonados pelos deuses, os homens viram-se obrigados a assumir a responsabilidade social, ética e moral por sua vida – enfim, a ser senhores de si mesmos. Lembremos que a *Ilíada* e a *Odisséia*, escritas para consumo popular – algo equivalente às telenovelas, mas sem o seu maniqueísmo previsível e vulgar –, com deuses mostrando sentimentos escandalosamente humanos, giram em torno das grandes perguntas que o homem grego fazia em busca de uma razão para existir. Provavelmente, ele se perguntava: *onde estou quando penso?* Porém, pouco afeito a reflexões que extravasassem a trivialidade do cotidiano, esperava que as respostas pudessem ser dadas confortavelmente pelos mitos arquetípicos, conceitos que se perdem na aurora da portentosa civilização helênica e que constituíam a essência do seu pensamento social, mítico, ético, religioso e científico.

O momento histórico em que os mitos começam a perder importância não pode ser determinado, mas as sagas homéricas contribuíram decisivamente para a formulação de novas perguntas que diziam respeito à origem e à ordem do mundo. Elas se tornariam mais profundas, incisivas e provocadoras com o aparecimento dos filósofos pré-socráticos – os chamados *físicos* da Jônia.

Os jônicos: adeus aos mitos

O estudo dos pré-socráticos é indispensável para a compreensão do impacto causado pelo pensamento de Sócrates, cuja revolução na história das idéias resgatou a filosofia da alienação dos problemas humanos a que parecia estar condenada. Mas quais foram a contribuição e a importância desses precursores, lembrando-nos de que naquela época a filosofia incluía todo tipo de investigação intelectual? Do que os pré-socráticos – também chamados naturalistas – escreveram, só restam fragmentos (às vezes um único) e/ou citações com prováveis acréscimos e infidelidades cometidas por outros filósofos. Mas isso não lhes diminui a importância: se a confiança absoluta das transcrições é discutível, ou se as suas teorias são muitas vezes confusas e obscuras, coube-lhes o mérito de ter lançado os fundamentos de um tipo de reflexão a partir da qual a filosofia, tal como entendida hoje, começa a servir de instrumento de investigação do *homem = ser moral*, evoluindo para as várias denominações que ganharia posteriormente: filosofia da natureza, da lógica, da arte, do direito, da história, dos valores etc.

Excluindo-se Pitágoras, Heráclito, Empédocles e Anaxágoras, os demais pré-socráticos são comumente classificados em três grupos: os jônicos, os eleatas e os atomistas. A inclusão dos sofistas neste capítulo baseia-se no fato de que a forma correta de *viver a filosofia* pregada incisivamente por Sócrates foi uma contestação – e não prosaica continuidade – da ideologia do grupo por ele sempre atacado de forma passional, com especial desdém por Protágoras. O racionalismo socrático, porém, longe de negar, aprimora o hedonismo sofista: liberta-o dos prazeres fáceis e o insere entre os mandamentos de uma vida que, dominando-os, conhece a mais elevada forma de liberdade espiritual. Neste capítulo, portanto, tomou-se a liberdade de situar os sofistas *anteriormente* a Sócrates, embora seus principais representantes tenham vivido na mesma época que ele. Sócrates foi um herdeiro rebelde da sofística, principalmente por causa do mercantilismo e do ceticismo propositadamente exacerbado de seus propagadores.

A antiga Jônia situava-se no trecho que hoje constitui a região localizada na faixa litorânea ocidental da Turquia, começando no golfo de Smirna, na região Norte, e estendendo-se por 150 quilômetros até o Sul, no vale do rio Meandro. Sua colonização pelos gregos foi iniciada por volta do século XI, quando, após a fragmentação do mundo micênico, refugiados procuravam novos territórios para se estabelecer. A helenização da região foi lenta e profunda. No início do século VI floresciam colônias com intensa vida cultural e artística, cuja economia, aberta a trocas com os povos não-gregos, trouxe riqueza e prosperidade duradouras. Alternando revoltas contra a aristocracia rural e longos períodos de subserviência absoluta imposta aos escravos, o regime político equilibrava-se numa espécie de democracia participativa contrária à anarquia, apesar (ou por causa) da inexistência de um rei ou de um sacerdote decidindo o destino do povo.

Os jônicos eram ávidos por descobertas científicas, apaixonados por política e determinados a encontrar novos caminhos do pensamento. A colônia que se imortalizou como a intelectualmente mais inquieta foi a rica cidade portuária de Mileto, famosa por sua constante e passional luta de classes. É nela que pensadores progressistas abrem uma janela na reflexão sobre o mundo, deixando entrar a luz da razão que, livre dos grilhões do mito, é fortemente marcada pela reflexão política; ao mesmo tempo, as tediosas narrativas das lutas entre os deuses começam a ser substituídas por estudos teóricos da ciência. Tratou-se de uma *rebelião* até então improvável (e que daria origem à especulação filosófica), pois era quase heresia imaginar que se desprezassem a força da fábula e o império intocável dos deuses para explicar menos os fenômenos naturais do que a presença do homem na Terra.

Esses temas começam a ser debatidos no contexto posteriormente batizado pelos historiadores de *ciência jônica da natureza*, cujos principais representantes – Tales, Anaximandro e Anaxímenes – buscavam, basicamente, descobrir a substância primordial, aquela que deu origem a todas as outras. Pouco se sabe sobre sua biografia. Além dos fragmentos até hoje estudados, nada se salvou dos seus prováveis escritos. Os três nasceram e morreram em Mileto no período que vai de 620 a 530. Convencionou-se chamá-los *filósofos* porque romperam as amarras da tradição mítica, trocando-a pelo uso da razão; contudo, foram na realidade cosmólogos envolvidos mais com o abstrato do que com o científico, apesar de suas pesquisas girarem em torno dos fenômenos e ciências naturais.

Tales (640?-546), fundador da escola milésia e precursor da investigação científico-filosófica, é considerado o primeiro *filósofo* do Ocidente – apesar de o termo não existir, à época, com o sentido empregado hoje, originário do círculo socrático: a *procura amorosa do saber*, e não a simples acumulação de conhecimento. Ao predizer, com um ano de antecedência, o eclipse solar ocorrido no dia 28 de maio de 585, Tales ganha celebridade que só se faz aumentar quando, influenciado pela lendas egípcias e babilônicas, desenvolve a idéia, despida de conotações mitológicas, de que é na água que se deve buscar a explicação dos fenômenos naturais, uma vez que todas as coisas têm nela sua origem – ele chega a afirmar que a Terra nada mais é que um disco flutuante sobre as águas. Como a ciência moderna atesta que o hidrogênio está presente em tudo, a afirmação de Tales parece menos ingênua. Suas teorias inovadoras sobre astronomia e geometria lhe trouxeram fama e inimigos: os fundamentalistas o consideravam uma ameaça às tradições religiosas que, de acordo com estes, mantinham a unidade sociopolítica da Grécia.

Anaximandro (610?-545?) desenvolveu teorias mais provocadoras que as de Tales. Afirmava que não era a água, mas outra substância primária, desconhecida, que dava origem às demais. Essa substância infinita, sem idade, envolvia o nosso e os outros mundos. Sua principal característica era transformar-se, por meio de um complicado sistema de sínteses, em várias substâncias conhecidas, estas por sua vez em outras, e assim infinitamente. Um intrincado sistema de luta entre determinadas substâncias e outras, bem formadas ou disformes, quentes ou frias, sustentava sua teoria sobre as leis superiores da natureza consubstanciada no equilíbrio do todo e no limite das partes. Aristóteles estendeu essa teoria à própria concepção de civilização, a qual, para manter o equilíbrio, deve estabelecer os limites entre o interesse coletivo e o individual.

Anaxímenes (585?-528?), cuja influência na escola itálica de Pitágoras reverberaria por todo o pensamento grego até os sofistas, elegeu o ar – em estado natural, rarefeito ou condensado – a substância básica de todas as coisas. Quando condensado, passava por diversos estágios: transformava-se primeiro em água, depois em terra e finalmente em pedra. O ar, equiparado à matéria, causou controvérsia principalmente entre os que o consideravam uma entidade sagrada. Antecipando Anaxágoras, Anaxímenes afirma que o mundo visível (em oposição ao dos deuses), nascido de uma matéria arcaica, terá fim e voltará a ela para de novo acabar, e assim continuar infinitamente. A idéia da circularidade da vida, conceito religioso muito caro aos gregos, foi apropriada por Anaxímenes para a defesa das suas teorias – muitas delas obscuras e confusas –, mas a discussão da sua hipótese de que existe um princípio vital básico foi fundamental para o desenvolvimento da filosofia grega.

Costuma-se dizer que a escola de Mileto é menos importante pelo que realizou do que pelo que intuiu, defendeu e tentou. Intuiu que fora do pensamento progressista as coisas continuariam apenas *cheias de deuses*, e artificialmente explicáveis. Defendeu a liberdade do pensamento como indispensável para alcançar qualquer progresso intelectual. E tentou principalmente mostrar a importância do conceito de substância, que se hoje nos parece óbvio, na época estava impregnado de preconceitos morais e religiosos – ainda que seus integrantes relutassem em negar a origem divina da matéria e concebessem o cosmo como a realização harmônica e perfeita dessa origem. Com Pitágoras, essa teoria passaria por uma profunda revisão: ao misturar matemática e misticismo, ele inaugura o primeiro capítulo verdadeiramente emocionante, e não menos polêmico, da história da filosofia.

PITÁGORAS E HERÁCLITO: LÓGICA E IMPERMANÊNCIA
Pitágoras (581-507) dá um impulso decisivo à explicação racional do mundo esboçada pelo trio de Mileto, acrescentando-lhe novas reflexões ao ressaltar a influência da matemática sobre a filosofia e a teologia – o que levaria a intermináveis discussões sobre a sustentação desse modelo por causa do seu caráter híbrido. Natural da ilha de Samos, Pitágoras transfere-se ainda jovem para Crotona, no sul da Itália, onde funda uma confraria monástica voltada para a

utopia social e econômica e para a prática religiosa, que incluía desde a crença na transmigração das almas até práticas exóticas como não comer feijão e coração de animais, não tocar em galos brancos e não partir o pão, entre outras. Seu carisma era enorme, mas por causa do crescimento das acusações de prática de rituais mágicos foi obrigado a abandonar a cidade, morrendo esquecido na vizinha Metaponto.

Para Pitágoras, o conhecimento profundo da matemática – e em menor grau da música, da medicina e da religião – era imprescindível à reflexão filosófica como ciência exata. Entretanto, o misticismo exacerbado que brandia nas preleções sobre qualquer assunto comprometeu a clareza das suas teorias, sempre desenvolvidas a partir da mistura de dogmas religiosos e preceitos matemáticos. Seu objetivo, mais parecido com o de profeta religioso do que com o de filósofo, era explicar o mundo cientificamente, estabelecendo regras da vida contemplativa semelhantes às da matemática, às quais o mundo dos sentidos deveria se submeter. Para ele, inexistia o contraste entre o misticismo e a razão: o estado contemplativo que levava ao encontro com Deus seria o mesmo que conduzia à solução de complexos problemas aritméticos. A crença na verdade inquestionável e eterna da matemática deveria sustentar o pensamento metafísico no qual não havia lugar para a intuição, mas para a razão. Pitágoras – cuja influência sobre Sócrates e Platão nota-se principalmente nas idéias relacionadas à natureza e ao destino da alma – foi o primeiro a chamar a si próprio de filósofo, isto é, *amigo da sabedoria,* para distingui-lo do sábio, pois isso o equipararia a Deus. Com ele a filosofia rompe de vez com a tradição mitológica, mesmo que para isso tenha feito uma esdrúxula aliança entre o rigor dos números e as tortuosas vias da contemplação mística. Mas é com Heráclito que a leitura do mundo sofre uma rigorosa revisão dessa aliança.

Heráclito (535-470?), nascido e criado em Éfeso, leva uma vantagem sobre seus antecessores, que, por nada ou muito pouco terem deixado escrito, passaram à posteridade graças a interpretações nem sempre confiáveis de discípulos. Heráclito, ao contrário, foi um escritor compulsivo. Pouco se sabe sobre sua vida, e, embora grande parte do que escreveu tenha se perdido, o que se salvou – a coleção de 125 *Fragmentos* – é suficientemente robusto para provar que ele foi uma das mentes mais originais da época. Isso apesar de sua linguagem, alegórica e por vezes ininteligível, ser um quebra-cabeça para os estudiosos, incapazes de afirmar o sentido exato de muitos aforismos.

A maioria desses aforismos tem servido não apenas para estudar as idéias do autor, mas também para indicar que este possuía um temperamento explosivo e uma personalidade arrogante. Amante da reclusão, não escondia o desprezo pelas massas ignorantes e o interesse em ser compreendido somente por quem dividisse com ele a mesma inquietação intelectual – principalmente a crítica do seu tempo, com o teatral dom da profecia que dizia possuir. Talvez porque exercesse esse dom para chamar a atenção para os desvios éticos e religiosos da pernóstica sociedade de

Éfeso, suas reflexões conferiram à filosofia uma face humana, até então inédita: as pessoas deveriam, finalmente, ter a audácia de refletir sobre si mesmas e – escândalo máximo! – decidir o próprio destino.

Entre as principais contribuições de Heráclito para, digamos, a *purificação* da filosofia, distanciando-a das questões cosmológicas e das ciências naturais que em nada contribuíam para a sua humanização, destaca-se a revisão da teoria das oposições e da noção de permanência. Para ele, a oposição entre conceitos é o artifício da mente, que seria responsável por grande parte dos males da humanidade – como as guerras, as injustiças de qualquer natureza, e, principalmente, a concepção equivocada da divindade. Negando a existência da contradição, propõe que o único recurso para impedir a dissolução do mundo seria manter a existência pacífica entre os opostos. Assim, os conceitos frio/quente, guerra/paz, amor/ódio, humano/divino, longe de serem irreconciliáveis, dão sentido e legitimidade ao ato de pensar, tal como seriam propostos pelos estóicos.

Com a doutrina da impermanência – *a mudança é a única constante* –, Heráclito pretende discutir um dos sentimentos mais profundos e antigos da humanidade: ansiar pela estabilidade do mundo à sua volta. Sua tese é a de que não existe repouso, mas movimento contínuo e incessante. Por isso, confiar na aparência de imutabilidade do mundo leva a interpretações errôneas sobre sua verdadeira natureza – daí a célebre advertência: *ninguém se banha duas vezes no mesmo rio*. Heráclito foi especialmente inovador ao afirmar que os processos da natureza, em sua variedade infinita, são apenas a conseqüência da transformação incessante de um mesmo princípio. Esse princípio era o Fogo, por meio do qual tudo se produz e se diversifica para ser posteriormente reabsorvido e depois renascer num processo infinito de transformação, base da formulação do determinismo universal que até hoje preside a concepção empírica do mundo. A reflexão filosófica chegava, assim, ao estágio de harmonizar conhecimento e experiência e à certeza de que a consciência moral é o único guia confiável da ação dos homens.

Os eleatas: o primado do conhecimento
Colônia grega do sul da Itália fundada no início do século V, Eléia notabilizou-se como fervilhante centro de escritores, poetas e filósofos. Entre estes últimos, chamados eleatas, destacam-se Xenófanes, Parmênides, seu discípulo Zenão de Eléia e Melisso.

Xenófanes (560?-470?) encontra resistência de estudiosos em incluí-lo no grupo, pois seria natural de Colofon, cidade ao norte de Mileto. Entretanto, durante o período em que viveu em Eléia, teve participação decisiva nas intermináveis discussões sobre o culto a deuses populares – que execrava – e sobre o monoteísmo com fortes tinturas panteístas, que apadrinhava atacando por isso desde Homero e Hesíodo até Pitágoras, cuja teoria da transmigração das almas não cansava de menosprezar. Para Xenófanes, cujo gênio difícil era lendário, o autêntico conhecimento não prescinde da experiência direta – o que o faz ser considerado o precursor da epistemologia –, mas parte da sua originalidade consiste em construir uma ponte entre teologia e filosofia ao afirmar que espiritualidade e razão, longe de se excluírem, se completam. Xenófanes patrocinava o exercício da dúvida metódica segundo o qual, sendo a verdade absoluta impossível de ser alcançada, resta a quem a procura satisfazer-se com a busca. Esse ceticismo foi ainda radicalizado quando afirmou que, como o homem só tem opiniões e nenhuma certeza de nada, tais opiniões precisavam ser recebidas com cautela, numa aberta crítica aos jônicos, famosos pela mutabilidade das suas convicções.

Parmênides (530?-460?), nascido em berço aristocrático, foi desde jovem influenciado pela confraria dos pitagóricos. É considerado o mais importante filósofo pré-socrático, porque teria sido o primeiro a insurgir-se contra a subjetividade de toda percepção, sempre ilusória, proporcionada pelo mundo dos sentidos. Dessa forma, o primado do *pensamento* seria o único caminho para chegar à essência e à finalidade das coisas, consubstanciado no aforismo *pensar = real = ser*. Ao contrário do ocorrido com muitos autores da época, grande parte dos seus poemas, sistematizados pelos pesquisadores com o título *Sobre a natureza* (o primeiro texto filosófico escrito em linguagem metrificada), não se perdeu. Dividido em duas partes distintas, uma sobre a doutrina da verdade, outra sobre a da aparência (ou opinião), exerceria forte influência na formulação da filosofia como desmistificadora da realidade enquanto registro apenas dos fenômenos perceptíveis ao mundo dos sentidos. Pode-se dizer que com Parmênides a filosofia dá o primeiro passo para transcender o mundo aparente, em busca do mundo verdadeiro – que, ao contrário do que o nome sugere, é uma realidade subjetiva inacessível aos sentidos, só alcançável pelo *pensar*.

A fundação desses dois mundos – o da aparência (falso) e o da realidade (verdadeiro) – deixaria reflexos profundos na criação de uma nova argumentação metafísica que, ancorada no monismo radical, pregava a inexistência de oposições irredutíveis. Baseada na refutação dos conceitos de mudança amparados por Heráclito, propunha que a mudança é ilusória (*Tudo é um*, afirmava) e que, portanto, conceitos como passado e futuro são artificiais porque as lembranças e as expectativas, por ocorrerem no presente, nunca são ou serão idênticas aos fatos ocorridos. Com isso, o conceito de realidade, para ser autenticamente pensado, devia libertar-se das noções de passado e de futuro, sob pena de ser desvirtuado. Por causa dessa concepção nada idealista da realidade (resumida no aforismo famoso *O que é, é*) foi chamado pai do materialismo.

Zenão de Eléia (470?-430?), considerado por muitos o inventor da dialética, dedicou-se a esclarecer as teorias de seu mestre, Parmênides. Mas também atacou violentamente os que delas discordavam sem apresentar argumentos convincentes capazes de resolver as contradições contidas nos conceitos de espaço vazio e de movimentos combatidos por Parmênides. E, para apoiá-los, criou dois célebres paradoxos. O primeiro é *Aquiles e a tartaruga*: se numa corrida entre os dois ela sair com uma vantagem de cem unidades quaisquer de superfície, enquanto Aquiles, andando dez vezes mais rápido, percorre a distância de cem unidades, a tartaruga percorreria dez, que ele rapidamente cobriria, mas sem impedir que ela sempre estivesse uma unidade à frente, e assim infinitamente. O outro é a tese de que uma flecha que voa se encontra em repouso: em sua trajetória e em cada movimento, a flecha ocupa uma porção do espaço igual ao seu comprimento (o mesmo de quando está em repouso), o que significa que está imóvel, uma vez que a soma de vários repousos é incompatível com a idéia de movimento. Se hoje isso parece mera excentricidade, facilmente desmontada pela ciência, parece que Zenão de Eléia pretendia demonstrar que o tempo, como o espaço, consiste em um número infinito de instantes separados, e não em uma continuidade, idéia em voga desde os jônicos. Com isso pretenderia aprofundar a discussão sobre as implicações da oposição entre o tempo estático e o dinâmico e sobre a distinção do espaço do corpo que o ocupa, dando à reflexão filosófica uma dimensão nova que seria retomada por Aristóteles.

Melisso, personagem menos expressivo do grupo, depois de se destacar como comandante naval, dedicou-se a uma revisão crítica mas pouco consistente do eleatismo. Influenciado por Parmênides, cujas teorias adotou quase literalmente, criou a sua própria sobre a mudança do estado físico, afirmando que qualquer mudança produz o nascimento de algo a partir do nada ou a sua dissolução no nada, em que o nada é absolutamente inexistente e de formulação impossível. A contradição, característica do pensamento dos pré-socráticos, e especialmente dos eleatas, reforça a incompreensão deste e de outros conceitos formulados por Melisso, um fervoroso defensor da teoria da realidade subjetiva, segundo a qual tudo que existe – o ar e o fogo, por exemplo – só existe à medida que os apreendemos sensorialmente. Sua mais importante contribuição foi, provavelmente, a de sugerir a existência do espaço vazio – e portanto a possibilidade de os corpos poderem se mover livremente dentro dele, lançando com isso as bases do atomismo que seria desenvolvido por Leucipo e Demócrito.

EMPÉDOCLES E ANAXÁGORAS: CONFLITO E CAOS

Empédocles (490?-445) sempre encontrou resistência por parte dos estudiosos em incluí-lo entre os pais fundadores da reflexão filosófica pura. Sua contribuição nessa área seria mínima se comparada à dos antecessores, mas é reconhecida sua importância de reformador religioso, competente engenheiro, brilhante e melancólico poeta, defensor apaixonado da democracia e, principalmente, de ter sido o primeiro a estabelecer as bases de uma síntese das doutrinas filosóficas. Nascido em Ácragas (atual Agrigento, na Sicília Ocidental), desde jovem provocava apaixonadas polêmicas. Enquanto para uns era um deus onipotente, com poderes sobre o tempo e o vento, para outros não passava de um arrematado charlatão, acusação que acabaria condenando-o ao exílio. De qualquer forma, suas teorias sobre ciência, cosmologia e religião continuam sendo estudadas com seriedade. Sua vida agitada despertou muitas lendas, que provavelmente incluem o suicídio, anunciado, na cratera do Etna. Os fragmentos dos cerca de cinco mil versos que teria escrito (dos quais se salvaram cerca de quatrocentos) foram reunidos sob os títulos *Da natureza* e *Purificações*.

Entre as descobertas de Empédocles está a de que o ar pode ser isolado como uma substância independente: para provar emborcou um balde na água com o fundo para cima, bloqueando a entrada da água; demonstrou também a existência da força centrífuga fazendo girar numa corda uma xícara de água, sem que o líqüido caísse. No campo da medicina e da astronomia teve participação intensa, mas sua principal tese foi a de que o caráter permanente e estável dos quatro elementos – terra, ar, fogo e água – propiciava infinitas combinações proporcionais sem que se perdessem as respectivas essências, cumprindo assim o ciclo de eterno retorno proposto por Anaximandro e Heráclito. O resultado das combinações dessas forças cósmicas foi por ele batizado com o binômio *Amor* e *Discórdia*, únicos elementos eternos e geradores das transformações cíclicas por que passa o mundo, e portanto não sujeitos a nenhuma espécie de lei. São conceitos marcados por um permanente conflito entre si, difíceis de entender – principalmente pela interferência do pensamento poético-místico num sistema que pretende primar pela lógica –, mas em síntese sua teoria está centrada no fato de que o governo do mundo é exercido mais pela alternância entre acaso e necessidade, num interminável ciclo de mudanças, do que por um programa preestabelecido. No campo religioso, foi um ferrenho opositor da influência do orfismo e da reencarnação, pregando a abstinência e a pureza como formas de libertação dos prazeres terrenos – cuja prática condenava com um rígido puritanismo que provavelmente não praticava.

Anaxágoras (500?-428?) deve parte da sua importância histórica a ter sido professor do grande líder político Péricles e do dramaturgo Eurípides, mas principalmente por ter introduzido a filosofia em Atenas e contribuído indiretamente para a formação de Sócrates, discípulo de Arquelau, de quem Anaxágoras fora professor. Nascido em uma família rica na cidade de Clazômenas, na Jônia – a qual logo abandonou –, passou grande parte da vida em Atenas, onde, por causa de suas idéias revolucionárias (a distinção entre espírito e matéria, por exemplo), conquistou mais inimigos do que admiradores, sendo expulso da cidade acusado de zombar da religião e de pregar crenças pagãs – entre as quais a de que o sol era uma prosaica pedra incandescente, sem nada de divino, tendo sido o primeiro filósofo a explicar o universo racionalmente. Brigou pela idéia de que somente os sentidos podem fornecer um imagem fiel da realidade e da existência de panteísmo físico-químico: em todas as coisas existiria uma porção de tudo.

Anaxágoras chama de Espírito o poder do qual se origina o ordenamento do caos primordial que não se mistura com nada, embora seja suscetível de se dividir, encontrando-se presente em todo ser vivo em maior ou menor porção. A exemplo da maioria dos filósofos da época, propôs teorias cuja complexidade está na razão direta da falta de utilidade prática, como a das partes ou seções homeomerianas, segundo a qual cada porção delas contém os componentes que, numa porção maior, podem ser facilmente distinguidos entre si. Para Anaxágoras, atividade e ideologia políticas não deveriam ter lugar no estudo da filosofia, pois seriam consideradas incompatíveis com a liberdade de pensamento – para ele o mais precioso dom da natureza humana.

Os atomistas: o espaço revisitado

O atomismo designa as escolas filosóficas que fazem do átomo, escolhido como unidade indivisível e eterna, o princípio que permite explicar a realidade no vazio, onde uma quantidade infinita de corpúsculos indivisíveis se move aleatoriamente. Leucipo e Demócrito, os pais do atomismo – reação à tese dos eleatas de que *tudo era cheio* –, tiveram em Epicuro um seguidor entusiasmado, que o adotou para o desenvolvimento da sua filosofia natural e da teoria sobre os inumeráveis sistemas de mundos idênticos ao nosso. Na Renascença, o atomismo teve o prestígio ressuscitado como a parte *científica* da investigação filosófica, radicalizando com isso o materialismo dos jônicos.

Leucipo teve uma vida misteriosa, havendo até dúvida de que este seja seu verdadeiro nome. Provavelmente natural de Mileto e professor de Demócrito, logo foi ofuscado pelo discípulo. De qualquer modo, sua contribuição mais importante (revalidada por Demócrito) é a negação do acaso e a afirmação da necessidade na origem e permanência de tudo que existe, conceito que até hoje está na base de muitos campos da investigação científica. Do que escreveu, pouco se salvou, mas de Demócrito, autor prolífico e versátil, restaram cerca de trezentas sentenças curtas que permitem conhecer-lhe o pensamento com certa fidelidade.

Demócrito (460-370), nascido em Abdera, colônia jônica no norte da Grécia, teria estudado com sacerdotes egípcios e astrônomos babilônicos. Cultivou durante toda a vida um racionalismo com tinturas céticas, no sentido de que a realidade objetiva deveria ser constantemente questionada, a fim de extirpá-la de toda forma de ilusão. A *purificação* da realidade passaria não só pela desmistificação do poder dos deuses, mas também pela negação do conhecimento fornecido pelos sentidos, porque estes são sempre enganadores. O que deveria prevalecer eram as leis naturais, compreendidas nos respectivos contextos para, a partir delas, interpretar o universo sem nenhuma concessão à causalidade, uma vez que sua finalidade é nenhuma, sendo apenas governado por leis mecânicas. A explicação dada para a origem do mundo, portanto, só poderia se basear em leis físicas: no princípio, o espaço vazio continha átomos que se moviam em todas as direções, até que começaram a colidir uns com os outros por causa das suas diversas formas, acabando por se ligar e produzir massas informes de diversos tamanhos, formando uma monumental engrenagem de onde surgiram as formas de vida. Mas a defesa de um materialismo exacerbado – afirmava que a alma era composta por átomos e que o pensamento nada mais era que um processo físico – não o impediu de pregar a alegria, a tolerância, o prazer sereno e a amizade como expressões de sabedoria.

Os sofistas: o comércio do saber

Nenhum grupo de filósofos despertou paixões tão contraditórias e apaixonadas como o dos sofistas – e por isso até hoje se pergunta quais teriam sido os rumos da história da filosofia se eles não tivessem existido. Elogiados por popularizar o ensino da filosofia, esses *mestres em sabedoria* não escaparam de graves acusações, entre elas: aviltar a arte sagrada de transmitir ensinamentos mediante pagamento, pretender saber tudo, pregar um ceticismo radical e usar técnicas falaciosas e oportunistas de argumentação para confundir os ouvintes – daí o verbo sofismar ter ganho posteriormente (graças, em parte, a Platão) o sentido pejorativo da utilização de métodos capciosos para driblar qualquer argumentação racional.

Por ironia, a fama dos sofistas – para o bem e para o mal – cresceu quando uma polêmica inútil começou a questionar se Sócrates fora ou não um deles. Em certo sentido sim, mas logo os transcenderia. Como eles, defendia a independência da reflexão filosófica como atividade essencialmente prática, transferida do domínio da cosmologia e das ciências naturais para o da literatura, da sociologia, da política, da etimologia e principalmente da retórica, ou seja, o estudo do modo como as palavras operam, prática que os gregos não limitavam à da mera transmissão de idéias, mas viam como indispensável ao aperfeiçoamento espiritual. Nesse sentido, os sofistas podem ser considerados os primeiros filósofos humanistas, mesmo com o mercantilismo que lhes era característico. Sua rotina consistia em percorrer as principais cidades da Grécia ministrando aulas sobre as matérias citadas para um público formado em sua maioria por jovens pertencentes a famílias ricas. Quem os atacava estava menos preocupado com o conteúdo das aulas que com o fato de serem remuneradas, porque comercializar a arte sagrada do ensino era considerado falta grave. Por conta desses debates, a popularidade dos sofistas, que já era grande, cresceu, deixando a intolerância com pouco espaço para ser ouvida. Apenas quatro, entre as prováveis dezenas desses caixeiros-viajantes das novas roupagens da filosofia, são conhecidos: Protágoras, Górgias, Hípias e Pródico.

Protágoras (490?-420), conterrâneo de Demócrito, considerado o cabeça dos sofistas, foi desde jovem atraído pela efervescente vida cultural de Atenas, onde tentou exercer o magistério. Seu espírito inquieto, contudo, o levou a viajar pela Grécia, ensinando diferentes matérias. Graças a ele, prestigiado por ouvintes da importância de Péricles e Eurípedes, os sofistas ganhariam a fama, nem sempre justa, de pragmáticos, de defensores do ceticismo e do relativismo como as únicas certezas filosóficas. Protágoras é autor de uma frase célebre até hoje debatida: *o homem é a medida de todas coisas, das que são enquanto são, e das que não são enquanto não são*, ora interpretada no sentido relativista, e portanto limitador de um conhecimento puro, ora como constatação de que esse conhecimento, para ser autêntico, precisa ser filtrado pelo homem, com a sua capacidade peculiar de sentir e pensar. Qualquer uma das concepções trouxe desdobramentos apaixonados nas discussões sobre o conceito de verdade: a de cada um ou a de todos? Os sofistas desdenhavam de qualquer definição absoluta da verdade, pois ela seria sempre *relativa a algo*, mas Protágoras transpôs essa dúvida para a esfera espiritual. Desejando mostrar que é impossível conhecer os deuses por meio da razão, escreveu que jamais se saberia se eles existiam ou não, dados a obscuridade do problema e o mistério da vida humana. Acusado de ateísmo, fugiu para a Sicília, onde provavelmente permaneceu até a morte.

Górgias (483-375), natural de Leontini, na Sicília, desde jovem destacou-se por uma retórica cintilante. É considerado um dos criadores do estilo que subordina o conteúdo à força das imagens, sempre rebuscadas e coloridas. Defensor fanático da superioridade cultural e racial dos gregos, prega a luta sem tréguas contra os bárbaros, mas seu estilo de oratória, pontilhado por símbolos e metáforas, mais confundia que motivava o público. Coube a ele a crítica contundente à teoria eleática do ser, ao afirmar que não existe ser algum: se existisse seria incognoscível, e que se assim o fosse esse conhecimento não poderia ser transmitido a ninguém. Assim, restringindo o conhecimento a experiências individuais, não se pode provar nem demonstrar nada – um paradoxo se lembrarmos que a sofística baseia-se exatamente em transmitir conhecimentos de forma inquestionável. Porém, se retirarmos tudo que for paradoxal das idéias filosóficas, elas não ficarão grotescamente desossadas?

Hípias nasceu na cidade de Elis, provavelmente antes de 460. Não se sabe o ano em que morreu. Unindo a carreira de embaixador da sua cidade à de professor, foi um intelectual eclético e, talvez por isso, acusado de superficialidade. Realmente, é difícil imaginar que alguém possa ser versado profundamente em matérias tão vastas como ele afirmava ser: geometria, matemática, música, pintura, astronomia, literatura e ética. Platão o retrata, com a pouca simpatia que lhes despertavam os sofistas, em *Hípias maior* e *Hípias menor*. No terreno da ética, locomoveu-se com inusitada desenvoltura ao propor que o homem só atinge um elevado grau de auto-suficiência quando se volta para a satisfação das suas necessidades individuais em detrimento das coletivas. Inimigo ferrenho das convenções, dizia que o contato com a natureza é indispensável, mais que a curiosidade intelectual, para a libertação de tudo que escraviza o homem.

Pródico, contemporâneo de Hípias (com data de nascimento provavelmente próxima) e como ele embaixador itinerante da sua cidade natal, Ceos, dedicou-se a buscar curiosas aproximações entre temas morais e éticos com as leis da física, paralelamente à elaboração do primeiro catálogo de sinônimos, partindo da tese de que não existem sinônimos perfeitos, idéia que levou Platão a incorporá-la aos fundamentos da retórica. Pessimista (influenciou os estóicos e os cínicos), via na condição humana uma sofrida purgação que só atitudes puras e desinteressadas poderiam amenizar. Obcecado pelo problema da morte, cunhou a sentença famosa: *enquanto vivemos, a morte não existe, e quando ela chega, já não existe mais*. Como Hípias, propôs um relativismo ético e moral ao afirmar que aquilo que é bom ou conveniente para uma pessoa não o é necessariamente para outra. Idéias parecidas e surgidas na mesma época contribuíram para a construção da filosofia moral a partir da valorização do indivíduo, tema que a maioria dos pré-socráticos julgara pouco relevante – e sobre o qual Sócrates se debruçaria com passional arrebatamento e obstinada simplicidade, cravando um marco divisor na história da filosofia.

CAPÍTULO II
O SÓCRATES HISTÓRICO E SEUS CONCEITOS FUNDAMENTAIS

Existem mais zonas escuras do que registros incontroversos na biografia de Sócrates, a exemplo de tantas outras personalidades da Antigüidade – especialmente porque ele nada deixou escrito sobre suas reflexões (costume comum numa época em que predominava a cultura oral) e muito menos sobre si próprio. O que se lerá a seguir é uma tentativa de esboçar o perfil do Sócrates histórico – sempre à sombra de uma figura mais forte, a do Sócrates mítico –, descrito após sua morte pelos primeiros discípulos, bem como de resumir os conceitos básicos de sua proposta de inserir a filosofia no cotidiano e de fazer dela sua razão de existir. Apesar de o conhecimento da vida de um autor parecer irrelevante, uma vez que o importante é a obra, Sócrates – como Jesus, Buda e Confúcio, para citarmos três nomes aos quais ele é freqüentemente associado – viveu o que pregou e pregou o que viveu. Essa coerência precisa ser lembrada se quisermos ver a essência de seu pensamento como uma extensão natural da sua personalidade, desenvolvida menos a partir de complicadas teorias acadêmicas e mais da experiência prática da vida diária.

ooooo

Sócrates nasceu em Atenas, no povoado de Alopece, em 469 ou 470. A mãe, Fenareta, era parteira, ofício exercido pelas mulheres das classes sociais menos abastadas e inférteis por causa da idade. A profissão do pai, Sofroniscos, teria sido a escultura, mas como se registra apenas uma referência sobre ela, é necessário cautela para admiti-la. Sua família morava perto de personalidades como Aristides, Tucídides e Críton, que se tornaria testemunha privilegiada dos últimos momentos de vida do amigo. Para efeito didático, com tolerância à imprecisão, costuma-se dividir sua biografia em quatro partes. A primeira é a da educação, até completar vinte anos de idade, após a qual passa dez anos a aprender o ofício do pai. Nos vinte anos seguintes dedica-se a dar aulas e a estudar filosofia.

Mas é nos últimos dez anos de vida, graças aos *Diálogos* do célebre discípulo Platão e às *Memoráveis* e à curta *Apologia* de Xenofonte, que mais se sabe sobre sua maneira de viver e seu pensamento. Uma dúvida sempre surge quando se questiona sobre até que ponto os dois discípulos resistiram em não desvirtuar ou complementar as reflexões do mestre para transmitir as próprias. A discussão, que tem atravessado os séculos, chega a ser cômica quando resvala para a afirmação generalizada de que o Sócrates *original* é desconhecido: é possível tal convicção sem recorrer a um cotejamento obviamente impossível? Porém, mesmo que nas suas memórias Platão e Xenofonte (este mais que aquele) tenham sido infiéis ao perfil e às doutrinas do mestre, não devem tê-lo traído tanto, pois correriam o risco de ser contestados, uma vez que as idéias socráticas circulavam e eram debatidas num amplo círculo de intelectuais e discípulos. Enquanto Xenofonte estava mais interessado nos aforismos morais de Sócrates, Platão construiu, com base nos ensinamentos recebidos (principalmente nos primeiros *Diálogos*), um corpo filosófico centrado no idealismo, prejudicado, talvez, pela veneração exagerada ao mestre, sobre quem os poucos escritos de Aristóteles quase nada acrescentam de importante.

Sócrates recebeu a típica educação propiciada aos jovens atenienses, constituída basicamente por aulas de ginástica, gramática, poesia e música. Tradicionalmente ensinada desde a infância, a ginástica visava não apenas à domesticação do corpo como dar condições para que o praticante atingisse o equilíbrio emocional e a serenidade, livrando-se assim da intemperança e dos juízos precipitados e passionais. Os cuidados com o corpo constituíam uma obrigação quase religiosa, uma reverência aos deuses: vigorava a crença de que eles desprezavam os que não se mantinham saudáveis e aptos para participar de competições e da conquista de prêmios, pois a busca de perfeição física era identificada metaforicamente com a espiritual.

O estudo da gramática, essencial para a pureza da comunicação com o uso das palavras exatas, dava ênfase à retórica. A poesia e a música, artes inseparáveis, eram necessárias para a formação e purificação da alma: no ritmo, conceito mais espiritual que estético, a mensagem divina encontrava sua expressão natural. Com exceção dos exercícios físicos, Sócrates pouco se dedica a essas disciplinas, uma vez que o temperamento precocemente inconformista leva-o a duvidar da sua real importância para a vida prática. *Duvidar sempre* era para ele indispensável para a prospecção da verdade; porém, era na prática de atos virtuosos – ou melhor, no elemento comum neles existente – que Sócrates veria o único meio de realizar a mais importante missão do homem: o conhecimento de si mesmo. Ao identificar a virtude com o conhecimento, Sócrates formularia a sua mais polêmica reflexão, a de que *ninguém erra – ou faz o mal – voluntária ou conscientemente*. Explica-se: não sendo nenhuma irracionalidade deliberada, se alguém pratica o mal, isso se deve à ignorância dos valores éticos. Mas o homem deve considerar que a virtude (sem a qual a ignorância e o mal triunfam) dificilmente pode ser ensinada por estar latente na alma; portanto, só é alcançável pelo exame rigoroso que cada pessoa deve fazer de si mesma, condição básica para sua existência ser considerada digna.

Nada se sabe sobre as aptidões de Sócrates para a provável profissão do pai, embora se lhe atribua, com reservas, a autoria de um grupo de esculturas em alto-relevo conhecido como *As graças vestidas*, que até o século II da nossa era podiam ser contempladas numa parede da Acrópole. No fim da juventude, seu passatempo predileto era caminhar pelas praças do mercado e pelas ruas de Atenas, hábito que manteria até o fim da vida, ávido por dividir suas perplexidades com as pessoas igualmente insatisfeitas com a mesmice das obviedades. Da juventude ficou o registro da amizade com Arquelau, discípulo de Anaxágoras que, contrariando as teorias do mestre, afirmava que os padrões de moralidade provinham de convenções sociais, e não das leis da natureza.

∞∞∞

O período em que Sócrates começa a estudar filosofia e, quase simultaneamente, dar aulas, é marcado por muitas lendas, a começar pelas influências que recebeu. Entre elas, as de um sábio indiano de passagem por Atenas e de uma mulher possuidora de requintada sabedoria. O indiano mostra-lhe a irrelevância da procura do significado da vida se antes não existir uma profunda reflexão sobre a importância do divino na formação dos homens. A bela Aspásia, amante e conselheira política de Péricles (como a jônica Thargelia fora de importantes personalidades persas), rica cortesã e freqüentadora de círculos intelectuais sofisticados de Mileto, mostra-lhe a importância da pedagogia na formação dos jovens. Costuma-se lembrar que outra mulher, Diotima de Mantinéia, sacerdotisa de uma seita secreta, teria exercido grande influência sobre Sócrates. Citada por ele numa das passagens mais luminosas do *Banquete*, no célebre debate sobre a natureza de Eros, sua existência real é incerta, indicando que foi uma invenção do filósofo para dar maior colorido aos debates com os outros convivas e prestigiar a inteligência feminina (desprezada na antiga Grécia), pela qual mostrava grande admiração.

Sócrates estudara a ciência jônica, mas o descaso pela natureza o levou a mergulhar no estudo dos dilemas morais, campo em que os sofistas gozavam de notório e exagerado prestígio. Determinado a não se desviar da reflexão do homem como *ser moral*, entidade concreta para a qual a reflexão sobre os problemas existenciais deve ocorrer no seu *interior*, e não em qualquer espécie de ciência, Sócrates foi a seu modo um místico e um precursor daquilo que os estóicos e os cínicos defenderiam com paixão, respectivamente: a virtude é o bem supremo e absoluto, enquanto as posses materiais são irrelevantes para quem faz da vida um questionamento contínuo e implacável. Pode-se imaginar quão revolucionária foi, na época, a defesa de uma independência espiritual dessa grandeza, ou seja, a de estabelecer *re-*

gras de vida, em vez de manter a crença do universo como um sistema teológico fechado em si mesmo, sem nenhuma conseqüência prática para a discussão das questões morais, éticas, políticas e sociais que se avolumavam na exuberante Atenas do seu tempo.

ooooo

Dono de grande resistência física, capaz de permanecer imóvel durante horas em estado contemplativo, sob o calor ou o frio, Sócrates demonstrou coragem e patriotismo ao participar, no posto de hoplita (soldado de terceira classe), de batalhas contra Esparta. Apenas nessas ocasiões deixou Atenas, pois detestava viajar. Sua participação na vida política da cidade sempre foi relutante. Ele não via a política e os políticos com simpatia; desconfiava de suas intenções e principalmente de sua retidão ética. Além disso, suas restrições ao regime democrático eram notórias, embora disfarçadas quando ocupou o cargo de senador pela tribo de Antioquia. O poder de poucos sobre muitos não lhe parecia ser o regime político ideal, a defesa que faz da monarquia é dúbia, mas temia a anarquia, por levar à exacerbação equivocada das liberdades individuais em detrimento da ordem coletiva. Para ele, o poder só poderia ser exercido com legitimidade pelos sábios, mas o entusiasmo por essa modalidade de governo é pouco convincente por causa do seu conteúdo utópico.

À medida que envelhece, Sócrates descuida cada vez mais da aparência. Sua figura beira o grotesco: baixo, barrigudo, olhos proeminentes, nariz grande e achatado, lábios protuberantes, pernas finas e tortas – uma mistura improvável de sátiro, homem e deus. Quase sempre descalço, desprezando cuidados básicos de higiene, trajes puídos, seria facilmente confundido com um *hippie* que perambulava pelas ruas da Califórnia nos anos de 1960. O escândalo que causa é agravado pelo fato de os atenienses considerarem a aparência física o reflexo do interior das pessoas. Como era possível aquele indivíduo que beirava o repulsivo pregar a pureza moral, a temperança, a piedade e a virtude com tamanho magnetismo? A explicação que deu para essa hipotética desarmonia é típica: sua aparência nada mais era que a marca das paixões que o teriam consumido se não tivesse sido salvo pela dedicação amorosa e incondicional à filosofia.

Mas o fascínio intelectual despertado por Sócrates devia ser hipnótico, pois neutralizava características físicas tão negativas. Nas reuniões com amigos e discípulos, ocupava o lugar do protagonista inquieto, estimulante, carismático. Considerando o diálogo a forma primitiva e autêntica da discussão do pensamento filosófico e respondendo com sucessivas perguntas às respostas que lhe faziam, mostra a debilidade dos argumentos apresentados, para com isso chegar ao mais próximo do que parece ser a verdade – sempre fugidia pela impossibilidade de aprisioná-la numa fórmula, embora fosse acusado de só fazer perguntas cujas respostas já conhecia. Esse tipo de argumentação, chamado por ele de maiêutica (arte de partejar, do grego), foi inspirado na profissão da mãe, e nesse sentido ele se diz estéril como ela: nada tinha a ensinar porque a missão do autêntico filósofo consiste em provocar as pessoas para que elas mesmas dêem à luz recordações nelas já existentes, recurso que constitui o dogma central da psicanálise freudiana – e fonte de incontáveis e irreparáveis equívocos. O Sócrates *parteiro* também se autodenominava um moscardo: ele ferroava os cidadãos, condenados a dormir pelo resto da vida se não fossem despertados para, investigando a si mesmos, duvidar das opiniões pessoais – contrariando a pregação dos sofistas, que as consideravam inquestionáveis.

ooooo

O método socrático de argumentação – ou, se se preferir, de ensino – continua a alimentar intermináveis discussões. Para os que não se aprofundam nesse método, tentar extrair das pessoas as respostas que elas (supostamente) não têm, fazendo-as encarar a própria ignorância, pode levá-las ao paradoxo socrático de, conformando-se com ela, se sentirem sábias. Por isso é que, ao declarar-se ignorante – *só sei que nada sei* é o seu mote predileto –, Sócrates divide os estudiosos. Alguns vêem nessa afirmação a manifestação suprema de sabedoria ou o exercício de um cinismo cruel para confundir o interlocutor (como no célebre diálogo com Mênon, em que afirma ignorar o que seja a virtude), enquanto outros a julgam um hábil ardil dialético (praticado anteriormente por Zenão de Eléia), pelo qual Sócrates transforma o debate numa multiplicação sucessiva de perguntas, sem levá-lo a lugar algum, ou, quando muito, ao ponto de partida. Lembremos que a filosofia tem sua origem no espanto, no assombro causado por questões conflitantes, entre as quais a radicalizada por Sócrates ao declarar-se ignorante: seria essa a expressão máxima da sabedoria? Sócrates afirma que sim, mas é preciso analisar com reservas essa afirmação, pois ela pode levar à conclusão equivocada de que a ignorância, sem que se tenha consciência dela, é o bem supremo do indivíduo. Vale lembrar uma de suas famosas advertências: quem afirma conhecer o que desconhece, e sabe que desconhece, está na mesma condição do portador de sérios distúrbios mentais.

Para compreendermos melhor o que Sócrates entendia por *sabedoria* ou *ignorância*, é necessário analisar esses conceitos imbricados com outro, o da *ironia* – para ele a própria razão de ser da filosofia e também um importante recurso pedagógico. Ironizar é, fundamentalmente, questionar os conceitos não examinados e, portanto, oriundos da realidade superficial em que vive o homem comum. Porém, o que comumente se entende por ironia socrática deve ser absorvido com cautela, mesmo porque ele não se autodenominava irônico, qualificativo que ganharia dos estudiosos por mostrar ao interlocutor, didática e sistematicamente, o círculo vicioso em que se enredava por causa da falta de clareza e de uma base sólida na sustentação dos seus argumentos. Para Sócrates, ironizar é causar desconforto intelectual, demolir idéias estratificadas e banais que o seu ofício de filósofo não-profissional (aquele que pensa e ensina por si mesmo) rejeitava sistematicamente. Seu propósito não era desqualificar o interlocutor – o que fazia com venenosa maestria com quem se gabava de possuir uma sabedoria inquestionável –, mas levá-lo a fazer uma análise crítica das próprias opiniões a fim de descobrir a fragilidade da sua argumentação, e mostrar-lhe que, para ser verdadeira, qualquer descoberta tem de ser feita pelo próprio indivíduo.

Em uma das principais características dessa que podemos chamar de *ironia dialética*, mediante um cerrado interrogatório, Sócrates conduz o discípulo ao ponto de partida das suas indagações, mostrando-lhe que ele *sabia* as verdadeiras respostas, embora fosse mais cômodo acreditar nas falsas. Ao simular aprender alguma coisa do interlocutor, Sócrates pretende ensiná-lo a pensar: para ele, a missão suprema da filosofia. Porém, sua *técnica* de conduzir os diálogos – ou o interrogatório – teve entre os críticos furiosos os que apressadamente o associavam ao escárnio e à pregação de tudo que servisse para propagar uma rebelião que visava mais ao escândalo que à construção de uma reflexão nova, límpida e sólida sobre a condição humana. Um dos equívocos a que está associada a ironia socrática foi disseminado justamente por esse tipo de pensamento divorciado da idéia de que *a filosofia só pode ser praticada com o próprio questionamento*, levado ao infinito pelo fato de ser impossível estabelecer a última palavra sobre qualquer assunto: para Sócrates, o importante é discuti-lo.

Sócrates teve uma vida familiar complicada. O interesse pelas questões espirituais deixava pouco tempo e ânimo para dedicar-se às tarefas mais simples de marido e pai, embora as fontes nem sempre estejam de acordo quanto ao seu descaso pela família, principalmente pelos filhos. É certo que se casou com Xantipa, mulher de gênio amargo cujas explosões de cólera a faziam atirar-lhe objetos da casa, o que teria contribuído para as suas longas permanências nas ruas e praças e pelo interesse crescente pela filosofia. (Poderia Xantipa ter mudado a história da filosofia caso fosse uma esposa dedicada e amantíssima?)

É certo que manteve um relacionamento paralelo com uma certa Mirto, com a qual teria tido um filho, além de dois que gerou com Xantipa, mas não cometeu delito ao ser adúltero. A poligamia caíra tacitamente na ilegalidade consentida, recurso para aumentar o índice, então muito baixo, de natalidade por causa da diminuição da população masculina. Sócrates não gostava de crianças, a quem chamava de tiranas, e via no casamento uma instituição próxima do irracional: embora quase sempre trouxesse o desencanto e o tédio, poucas pessoas optavam pelo celibato.

Os historiadores são cautelosos ao analisar a natureza da relação de Sócrates com Alcibíades, vinte anos mais novo. Militar arrogante, oportunista e estadista de prestígio discutível, foi uma espécie de protetor incondicional do amigo, que retribuía a atenção dando-lhe lições de filosofia, por ele absorvidas com suposto deleite. No cerco a Potidéia, na primeira fase da Guerra do Peloponeso, o mestre lhe salvara a vida, pondo em risco a própria (o mesmo fizera a Xenofonte na batalha de Délion), o que estreitou a amizade entre os dois. A incontrolável e supostamente não-correspondida paixão por Sócrates, declarada com lamúrias e com alta voltagem homoerótica por Alcibíades no famoso discurso do *Banquete*, é um cifrado indício da ocorrência de uma relação homossexual entre eles (os boatos incluíam outra, de Sócrates com Arquelau), ou pelo menos das tentativas de consumação, sempre por iniciativa do lamuriento conviva. Ansioso por uma palavra de carinho, Alcibíades é brindado com complacentes intervenções do amigo que o deixam desamparado – e como lançar no ar respostas que voltavam à pergunta era uma armadilha mortífera de Sócrates, os constrangidos amigos atolavam-se em conjecturas. Caso os dois tenham ido às vias de fato, é hilariante imaginar o insolente general enroscando-se no corpo de um dos homens mais feios de Atenas, provavelmente mais interessado em falar mal da mulher e dos sofistas do que em retribuir os afagos.

∞∞∞

Reverenciado por uma legião de atenienses progressistas, Sócrates também ganhara inimigos, temerosos de que sua influência desestabilizasse a democracia, identificando-o injustamente com o que sofistas anárquicos pregavam. A censura começou com Crítias, um dos líderes dos Trinta Tiranos – grupo de aristocratas sanguinários que governou Atenas por um curto período –, que proibiu o ensino da retórica com o objetivo de silenciá-lo. Além disso, o amigo Aristófanes se incumbiu de retratá-lo quase como um débil mental na comédia *As nuvens* (Platão mostra, no *Banquete*, que os dois se reconciliaram). Sócrates já havia irritado os Trinta Tiranos quando se recusara a apoiar a execução de Leão, um rico meteco (estrangeiro) oriundo da ilha de Salamina cujos bens os aristocratas desejavam confiscar sob a acusação de Leão ser partidário dos democratas.

Entretanto, com a queda dos Tiranos e a restauração da democracia, as tramas para processar Sócrates, em vez de diminuírem, recrudesceram – e só não se concretizaram antes de 399 pela falta de comprovação de um delito juridicamente tipificado. Naquele ano, Meleto, o principal acusador, Ânito e Lícon, personificando a intolerância contrária à liberdade de expressão que vigorava em Atenas, apresentaram queixa ao tribunal alegando que Sócrates, com seu comportamento contrário à razão, além de não reconhecer os deuses da cidade, introduzia novos deuses e corrompia a juventude. Foi então proposta contra ele uma *graphé asebeias* (cuja tradução mais próxima é *ação de impiedade*, ou seja, contra os ímpios), por ter a vantagem de comportar acusações genéricas, cujas provas seriam apresentadas no decorrer do processo, e não em sua propositura. Sócrates fez a própria defesa, recusando o patrocínio da causa pelo amigo Lísias, advogado e orador de prestígio que possivelmente teria conseguido a sua absolvição.

O trio acusador tinha em comum a mediocridade e o delírio de salvar Atenas de um perigoso inimigo. Meleto se intitulava poeta, mas os versos que declamava só recebiam aplausos condescendentes de amigos. Sócrates, com cáustica ironia, pulveriza um a um os frágeis pilares da peça acusatória. Ânito, dono de um grande curtume e político influente, cuja principal habilidade era escapar das acusações de corrupção, e Lícon, que se intitulava orador, mas que era mais conhecido por ser objeto de deboche de poetas cômicos, ficam em situação constrangedora diante da maestria dos argumentos do réu. Persiste a dúvida se o processo tinha conotações políticas embutidas. Sócrates, como vimos, nunca fora um entusiasta da democracia, regime vigente na Grécia – e que abrigava nas suas franjas um poderoso e despótico núcleo oligárquico (representado na ocasião pelo trio de porta-vozes) receoso de perder o escudo protetor do regime. Sócrates evidentemente não tinha o poder que lhe era atribuído, e muito menos desejava que suas idéias e ideais fossem distorcidos pelos inimigos, mas não foi isso o que aconteceu.

∞∞∞

A fragilidade das acusações contra Sócrates é chocante. O que significava exatamente corromper a juventude? Os acusadores temiam que a proximidade de uma pessoa intelectualmente sedutora como ele expusesse os jovens alunos a uma catequização perigosa – ou seja, formaria políticos que futuramente poderiam causar embaraço ao cômodo *status quo* das elites reacionárias. Sócrates estaria também incentivando, com suas idéias, a prática da pederastia e do homossexualismo (que era tolerada) não apenas entre ele e os discípulos como entre estes, o que poderia contaminar toda a sociedade ateniense. Nenhum jovem, diretamente ou por meio de representante, apareceu no tribunal para corroborar a acusação, mas mesmo assim ela foi mantida. Havia outro temor: a filosofia, por estimular o homem a pensar, era considerada uma disciplina subversiva, capaz de despertar grande parte da sociedade ateniense da subserviência política. Porém, escaparam à pouca argúcia dos juízes dois fatos que poderiam alimentar a peça acusatória: em nenhum momento Sócrates afirmou que pretendia melhorar os jovens, e embora negasse que o pensamento corrompesse, não afirmou que pudesse servir de aperfeiçoamento. Fazer poucas afirmações positivas, aliás, era uma queixa constante dos seus interlocutores.

Pretender desmoralizar os deuses, aos quais cabia a manutenção da unidade política da cidade, e introduzir novas divindades foram acusações igualmente perversas e injustas, provavelmente originárias de uma interpretação feita de má-fé da costumeira afirmação de Sócrates, que dizia ter dentro de si um *dáimon* (ou *dáimonion*), espírito guardião bondoso e persuasivo (os gregos primitivos o identificavam com o destino) que o protegia desde a infância de influências malignas e, entre outras ações, o dissuadia de falar com certas pessoas, de se esquivar de desculpar-se por alguma falta e de ocupar-se da política. Para o tribunal, o *dáimon* do réu (que, conforme ele afirmou, não o aconselhou sobre que tipo de defesa usar no julgamento) não era inofensivo, mas, eleito por Sócrates como um deus único, fazia-o desprezar os deuses venerados na cidade. Esse deus foi identificado provavelmente com Apolo, cultuado no santuário oracular de Delfos, célebre por ostentar inscrições como *Nada em excesso* e *Conhece-te a ti mesmo* – conceito básico da filosofia de Sócrates, por ele adotado após uma visita ao santuário –, e local onde a sacerdotisa Pítia revelou a Querefonte ser Sócrates o mais sábio dos homens, justamente por ter consciência da própria ignorância. Ele, que tipicamente nada fizera para ganhar a simpatia do julgadores, complicou-se ainda mais ao acrescentar que nenhuma pessoa em Atenas possuía um mínimo de sabedoria, praticamente selando a sua sorte.

Dos 520 juízes escolhidos por sorteio e pelo processo de representatividade das dez tribos que compunham a população de Atenas, 280 votaram pela condenação e 220 pela absolvição. Sócrates espanta-se com a pequena diferença de votos contra ele, o que o torna ainda mais arrogante. Na segunda parte do julgamento decidia-se a pena a ser aplicada. A acusação pedira a de morte, mas o réu poderia propor uma punição alternativa, a ser escolhida por uma decisão soberana do tribunal. Sócrates mais uma vez zomba da congregação: considerando-se herói, propõe para si o gozo dos mesmos privilégios das personalidades ilustres da cidade, exigindo o direito de ser, como elas, sustentado até o fim da vida no Pritaneu, local sagrado e sede do poder executivo. Sua sugestão, recebida como mais uma afronta, é logo substituída por outra, igualmente ofensiva: pagar a multa de uma mina de prata, contrariando o conselho de amigos, para os quais o razoável seria uma quantia no mínimo trinta vezes superior, e da qual seriam fiadores. Posteriormente, às vésperas da execução, eles lhe propõem um plano de fuga, rejeitado com veemência. Mesmo tendo pregado a desobediência aos atos legais quando fossem injustos – e nada lhe pareceu ser mais injusto que ser condenado –, demonstrar covardia era tudo o que seus acusadores almejavam, e ele evidentemente não lhes daria esse prazer.

∞∞∞

Salvo a demonstração de uma retórica flamejante, que sabia ser inútil para sensibilizar as pessoas rudes que formavam o júri, Sócrates nada fez para evitar a condenação. Por que, se para ele viver e ensinar a viver bem eram os prazeres supremos, sua decisão de morrer foi tão firme? A hipótese mais provável para essa atitude é que ser levado ao tribunal lhe causou uma humilhação intolerável, da qual não se julgava merecedor, uma vez que havia dedicado a vida a ensinar aos atenienses as mais nobres disciplinas do espírito. Deixar, portanto, o tribunal cumprir o papel de carrasco de um intelecto tão privilegiado pareceu-lhe uma oportunidade imperdível de se vingar. A condenação à morte é determinada por meio pouco usual: a ingestão de uma solução de cicuta macerada, planta venenosa que causa a falência dos sistemas neurológico e respiratório. Uma terrível agonia o esperava, mas Sócrates manteria até os momentos finais a lucidez e o cáustico humor que cegavam os interlocutores. Exemplo: quando Xantipa lamenta, histericamente, a injustiça da pena aplicada, ele lhe pergunta se ela preferiria que a sua condenação fosse justa.

∞∞∞

A execução da sentença precisou ser adiada por trinta dias. Uma antiga tradição determinava que nenhum réu fosse executado enquanto não regressasse o navio sagrado enviado ao santuário de Delos para comemorar a vitória do herói mitológico Teseu sobre o Minotauro, o aterrador monstro que se alimentava de carne humana. Platão, no comovente diálogo *Fédon*, descreve com extraordinária beleza trágica os derradeiros dias da vida do mestre, nos quais ele volta a debater com amigos e discípulos o paradoxal parentesco entre dor e alegria, o problema da morte e o destino das almas, o amor à verdade e à justiça, a função sagrada da filosofia e a perigosa armadilha das paixões que, exacerbadas, causam a despersonalização dos amantes. São oito os personagens desse *Diálogo* – entre eles, além de Xantipa, acompanhada do filho pequeno, os amigos Equécrates, Cebes, Apolodoro, o jovem Fédon e Críton – a quem Sócrates dirige as últimas palavras, lembrando-o que devia um galo a Asclépios (Esculápio na versão latina). Era obrigação religiosa sacrificar a ave em nome do doente quando ele se curasse, e entre as numerosas interpretações do pedido a Críton para que este lhe pagasse a dívida, a mais aceitável é que Sócrates acreditava que, com a chegada da morte, a alma abandonaria o corpo – causador dos piores males pelas paixões insensatas que desperta –, obtendo-se finalmente a cura, daí o tributo devido ao deus da medicina.

Em toda a história da Antiga Grécia, Sócrates foi a única pessoa a ser processada por causa das suas opiniões. Ao puni-lo, com inusitada hipocrisia, os juízes condenaram também a própria filosofia que questionava a problemática humana, com medo de que ela levasse uma indesejável inquietação à sociedade. Mas, se durante o julgamento os atenienses ficaram omissos e acuados, depois da execução cobriram-se de vergonha por terem tacitamente apoiado tal insensatez: fecharam os ginásios por um longo tempo e, para mitigar a culpa, erigiram-lhe uma estátua de bronze que se tornou local de intensa peregrinação. A ira popular, profetizada por Sócrates, alcançou rapidamente os acusadores: Meleto foi condenado à morte e os seus dois amigos, banidos para sempre da cidade, tornaram-se párias, morrendo no esquecimento.

Já se disse que a morte heróica de Sócrates escapa à História, a ela se sobrepondo, tamanho o impacto causado e que reverberaria pelos séculos. Sócrates não se considerava um grego ou um ateniense, mas, repercutindo um sentimento comum aos filósofos gregos, um cidadão do mundo:

para ele, a decodificação dos hieróglifos da jornada do homem na Terra, com a conseqüente adoção de padrões universais de respeito ao próximo, só poderia ser feita se se desprezasse a divisão da humanidade em raças, ideologias e credos. A cena mundial contemporânea é a triste constatação de que o ódio dos tempos imemoriais persiste entre os povos – e de que nada vai mudar enquanto o homem, prisioneiro da praga do poder, do fanatismo deletério e do desejo de subjugar o mundo à sua vontade, insistir em desprezar a exortação socrática da convivência fraternal.

CAPÍTULO III
DEZ LIÇÕES DO SOCRATISMO

Os filósofos gregos enriqueceram seu idioma duplamente. Acrescentaram-lhe uma terminologia requintada e complexa, e, criando novos conceitos para palavras comuns, geraram um problema que atormenta os tradutores: estabelecer-lhes uma tradução não apenas literal, mas de acordo com o sentido com que foram usados por Sócrates. Palavras como *sophrosyne* (sabedoria), *arete* (virtude), *episteme* (conhecimento), *diké* (respeito pelo próximo), *dóxa* (opinião), *éthos* (caráter), *áidos* (sentimento inato de vergonha), *diánoia* (entendimento), *ananke* (necessidade), *enkatréia* (autodomínio) e *nóesis* (intuição), em incontáveis traduções e em traduções de traduções publicadas em praticamente todos os idiomas, nem sempre mantêm a sutileza dos seus significados, tal como empregadas por Sócrates, ignorando-se ainda quanto podem ter sido desfiguradas pelos copistas. Mesmo quando feitas diretamente do grego, o problema persiste por dois motivos principais: inexistência de equivalentes exatos no idioma dos tradutores e ausência, por parte deles, de rudimentar cultura filosófica. Um recurso muito usado é manter a grafia grega das palavras, enumerando suas possíveis acepções, sem tomar partido por nenhuma delas, o que pode confundir mais do que esclarecer o leitor leigo.

Diante dessas dificuldades – e para tentar contornar quanto possível as imprecisões –, recorreu-se aqui ao único expediente capaz de diminuí-las: cotejar e mesclar traduções confiáveis feitas diretamente do grego – basicamente dos *Diálogos* de Platão e das *Memoráveis* de Xenofonte – e ensaios sobre o socratismo assinados por autores consagrados. O resultado deste trabalho, que pretende levar ao leitor informações essenciais, e portanto resumidas, sobre a filosofia moral de Sócrates, encontra-se neste capítulo: uma adaptação livre dos principais temas por ele discutidos sobre a arte de viver. No apêndice o leitor encontrará uma seleção de trechos das duas obras citadas, como estímulo à leitura do seu texto integral em edições traduzidas do grego – como as assinadas pelo competente Jorge Paleikat (trechos das suas traduções de *Fedro* e *Fédon* são aqui reproduzidos). A lista de obras recomendadas no capítulo **Indicações de leitura e de consulta** está longe de ser uma seleção qualitativa, tarefa impossível diante da enorme quantidade de títulos existentes sobre Sócrates: pretende apenas sugerir alguns que poderão contribuir para enriquecer a proposta deste livro.

CUIDE DA ALMA

A alma, imortal, indestrutível e sempre renascida, razão moral, espírito pensante e sede da consciência, é a manifestação do divino no homem, guiado por ela para examinar com atenção e cautela o que ocorre à sua volta, separando o que realmente lhe diz respeito daquilo que é superficial, banal, desprezível. Cuidar da alma, missão suprema e indelegável do homem, é cuidar de si. O cuidado de si implica estar em confluência com o mundo, mas ao mesmo tempo protegido das tentações que perturbam a intimidade, buscando-se na solidão serena, e não na opinião dos outros, a resposta para as dúvidas e a libertação das incertezas. Preocupar-se com a alma sem descuidar do corpo, mantendo-o saudável e ágil, é afastá-la do perigo dos prazeres mundanos, fáceis e efêmeros que embotam os sentidos. Cuidar de si não é isolar-se no egoísmo e na solidão raivosa, mas preocupar-se com os desvalidos, fazendo o possível para amenizar seu infortúnio; é respeitar a cidade onde vive, como se fosse a própria casa.

Cuidar de si também implica a prática contínua da virtude, sem a qual a felicidade é inatingível. E como virtude e conhecimento são conceitos inseparáveis, quem está mergulhado na ignorância precisa derrotá-la, para só assim superar as dificuldades da vida, evitando que ganhem uma dimensão exagerada, paralisante. O conhecimento purifica a alma, liberta-a das ilusões fáceis, do julgamento precipitado e passional do próximo, alertando para o perigo de incensá-lo como salvador e conselheiro. Porque o conhecimento, esse valor supremo da vida, leva o homem a responder por si mesmo, pelos seus atos, pelo que faz ou deixa de fazer com sua vida, transformando-se assim, e ao mesmo tempo, em acusador, defensor e juiz de si mesmo. O conhecimento ensina o homem a rejeitar o comodismo de transferir aos outros as conseqüências das suas ações e omissões. Sendo a vida uma experiência intransferível, só os covardes e os fracos delegam a outros a condução dos seus atos. Mas nenhum conhecimento é mais importante que aquele que diz respeito a si mesmo – e isso inclui fazer bem-feito o que cada um faz, não importa se é remendar um calçado ou construir um palácio.

Quem não se conhece vive num torvelinho de fracassos, contradições, medo, insegurança. Portanto, o cuidado da alma só é perfeito com o autoconhecimento, a mais nobre e difícil missão a que o homem pode dedicar-se, e somente a filosofia pode guiá-lo para que ele alcance esse objetivo. Entretanto, a descoberta de si não se realiza num único, mas em contínuos exames, uns mais, outros menos reveladores, nenhum desprezível. Esses exames significam perguntar-se principalmente se quem o faz está vivendo a vida que deseja, se sua vontade interior está prevalecendo sobre a dos outros, se seus objetivos estão sendo alcançados, se seus amigos são verdadeiros. Porque quem não examina a sua vida com persistência e coragem, modificando-lhe os rumos quando causam mais sofrimento que alegria, está condenado a extinguir-se sem nada acrescentar à fatalidade da decadência biológica.

TOME CONTA DA SUA VIDA

ntre as exigências que o cuidado da alma requer, uma das mais importantes é que cada um tome conta da sua vida. Não basta praticar as virtudes cardeais do autocontrole, da intrepidez e da sabedoria se se deixa a vida ser conduzida pelos outros. Porém, é mais fácil o homem deixar aos outros o controle da sua vida, pois com isso os fracassos são justificados, e os sucessos, recebidos como uma recompensa por ter abdicado da falsa sabedoria de não assumir as suas responsabilidades. Por isso, tomar conta da própria vida não é uma tarefa fácil: exige eterna vigilância sobre a tentação de delegá-la aos outros, de se julgar indigno de ser merecedor das próprias conquistas, enfim, de se diminuir perante si. Não existe nada pior do que, depois de ter ganho a vida, recusar-se a usufruí-la em toda a plenitude por falta de um entendimento sobre o que significa vivê-la sem as barreiras impostas por um sentimento de vergonha que impede o desenvolvimento do instinto e das potencialidades da alma.

Tomar conta da própria vida é estar em harmonia com a vontade divina, que concedeu a cada pessoa a noção de deveres éticos perante si e perante a sociedade em que vive. Quem não acha importante ter a vida sob seus exclusivos cuidados acredita não conseguir fazer melhor as coisas que faz – e mesmo conhecendo coisas melhores não mudar de atitude, deixando-se vencer pelo desânimo e pela indiferença. Derrotado pela ignorância, é incapaz de enxergar nas suas limitações um desafio para superá-las e, graças a esse esforço, conquistar o direito de viver bem. Porque a arte de viver passa necessariamente pela incansável missão de ver a vida como uma dádiva preciosa demais para ser descuidada, abandonada aos caprichos do acaso, desprezando a necessidade de aperfeiçoá-la com o estudo e a meditação.

Os ociosos, abandonados à sorte e impotentes para fazer da vida uma jornada marcada pela alegria e pelo entusiasmo, precisam recolher-se a si mesmos e propor-se uma mudança radical em suas crenças e hábitos. Inevitáveis, as vicissitudes da vida não devem impedir que ela seja cuidada, mas transformadas em energia, porque é nessas ocasiões que esse cuidado precisa ser maior. Tomar conta da vida exige também atenção para que a vida do próximo não tenha importância desmedida, o que pode levar ao desinteresse pela própria. Mas também exige cuidado em não buscar alívio nos problemas dos outros, confrontando-os com os que enfrenta, principalmente se forem menos graves: a comparação é uma forma de fugir dos deveres que as pessoas têm com a condução da sua vida, independentemente do fato de ela ser mais ou menos infeliz que a daqueles que servem de referência.

A LITURGIA DA AMIZADE

Os piores males do mundo se originam na relação inamistosa entre os homens, cuja expressão máxima são as guerras. Todas as guerras são fratricidas, por isso nenhuma é vitoriosa: nelas, seja quem for o vencedor, o gênero humano é sempre derrotado, não importam as nacionalidades confrontadas. A guerra é a vitória do ódio sobre a fraternidade e a derrota sobre a virtude que deve nortear as relações entre os homens. Por isso, quem tem um amigo fiel e dedicado pode orgulhar-se de possuir o mais precioso dos bens, um porto seguro para as situações difíceis da vida. O indivíduo isolado, sem amigos, indiferente às relações humanas, pouco ou nada contribui para o aperfeiçoamento da sociedade em que vive. Sua missão no mundo limita-se a bastar-se egoisticamente, sem se importar com nada nem ninguém, a não ser com os seus problemas. Ao contrário, o bom amigo está sempre pronto a servir, é fiel aos juramentos e tolerante nos julgamentos, nunca se colocando numa posição privilegiada de quem é poderoso por ser confidente de segredos.

Amigos verdadeiros cultivam ideais elevados e lutam contra o antagonismo que brota naturalmente da convivência prolongada, lembrando que ele faz parte da natureza humana. E, se desejam conquistar os mesmos bens, é necessário que discutam sua partilha da maneira mais pacífica possível, a fim de preservar a sua amizade – que, nunca é demais repetir, é o maior de todos os bens a que o homem pode aspirar. No entanto, para que uma amizade frutifique e perdure, ela só pode se estabelecer entre pessoas que, conhecendo a própria personalidade, não depositem no outro a esperança de modificá-la ou aperfeiçoá-la, e principalmente de encontrar soluções para questões íntimas e quase sempre inconfessáveis.

O bom amigo é solidário na dor, mas principalmente cúmplice entusiasmado na alegria. É o que vê no outro um igual, e, sabendo ouvir, não impõe as suas opiniões, mas as expõe serena e metodicamente. Sendo receptivo, atento e interessado, ajuda quem o procura a descobrir por si próprio a melhor solução para os problemas. Nenhuma outra forma de diálogo é mais elevada como a que ocorre entre amigos, mas só pode ser amigo verdadeiro quem se despe de tudo que é superficial e passageiro nas relações humanas. E quando essas relações se estabelecem entre mestre e discípulo, aquele desempenhará a sua verdadeira função se vir no discípulo um amigo, e não um ser inferior que por sua condição de aprendiz deverá ser humilhado, mas conduzido a encontrar-se e descobrir sua importância para si e para a comunidade em que vive. Entre amigos, o único interesse que deve prevalecer é a alegria da convivência, sem disputas de qualquer natureza, não permitindo que a inveja e a tolerância cínica maculem a pureza da sua relação. Como é difícil de ser encontrado, o bom amigo não deve ser esquecido ou abandonado; o mau, sim, porque nada vale.

∽

A NATUREZA DO AMOR

Deve-se tomar cuidado com o uso da palavra amor, quase sempre pronunciada irrefletidamente. O amor é a experiência que mais aproxima o homem do divino. Porém, é preciso examiná-la – eis aí um aparente paradoxo – sem paixão, mas com a objetividade que parece prejudicar o seu verdadeiro entendimento, necessário para fugir de uma retórica vazia que nada define. Compreender a natureza do amor espiritual livra os amantes de desgostos, levando-os assim a usufruí-lo em toda a alegria e plenitude. Amor é necessidade, falta, desejo e renúncia. Necessidade porque é a mais forte das aspirações que, personificada por Eros, representa a energia primordial que deu origem a todas as coisas, e como tal fortalece os amantes. É falta, pois graças a ela os seres buscam a sua completude: quem ama unicamente a si próprio não se examinou com a profundidade devida. Por isso, ao desejar o amor do outro, deve conhecer-se profundamente e não pretender privá-lo de nada que o impeça de ser ele mesmo, orientando-o, caso esse conhecimento lhe falte, a buscá-lo com determinação. Mas amor também é renúncia, e ela deve existir quando ocorre a despersonalização dos amantes, quase sempre resultado da busca obsessiva pelo prazer físico, em vez do espiritual.

Para que a relação amorosa não se transforme em fonte de frustrações, ressentimento e ódio, os amantes precisam tomar diversas cautelas – e é aí que entra o exercício da razão, dominando o jugo da paixão. Entre elas, a principal é afastar a inveja quando um deles está numa posição intelectual, social ou financeira mais alta, pois a inveja é o veneno que destrói os mais sólidos relacionamentos. Alguma coisa misteriosa lateja neles, sempre voltada a destruí-los – e é contra ela que os apaixonados precisam lutar incansavelmente. É ela que leva o amante a sentir alegria com a desgraça de quem ama, e igual tristeza com suas conquistas: um sentimento inexplicável que, nascido num lugar sombrio da alma, está além da inveja. É ainda muito comum o apaixonado descumprir as promessas que fez no auge da loucura da paixão, por isso é preciso recebê-las com a cautela necessária para evitar sofrimento e dor. No momento em que faz tais promessas, ele pretende honrá-las: é raro que uma pessoa permaneça sempre fiel a si mesma – quando tal fidelidade envolve outrem, ela dificilmente se mantém.

Para que a relação entre os amantes seja longa e verdadeira, eles devem compartilhar com o mesmo delírio a essência da beleza traduzida na admiração mútua dos seus corpos e na consciência das nobres qualidades das suas almas, alimentando-as na parte virtuosa e derrotando a viciosa. Embebidos no êxtase da entrega total, os amantes criam para si um mundo à parte, no qual não ficam distantes e esquecidos os amigos e a família. Se esse isolamento é necessário para a consumação da sua paixão, não pode ser satisfatório caso dure a ponto de limitarem a sua vida a ele, desprezando tudo que lhes parecer estranho à atração mútua, que julgam eterna e indestrutível. Por isso, para evitar esse equívoco, os amantes devem ter sempre presente a noção da transitoriedade dos seus arrebatamentos, propondo-se a forma elevada do amor que se traduz no crescente e incessante cuidado de um pelo outro – o qual está muito além do amor puramente físico, porque é do espírito que nasce esse compromisso marcado pela delicadeza e bondade. Nenhum amor verdadeiro pode abdicar desse compromisso que o mantém íntegro e durável; sua ausência retira dos amantes a luz necessária para uma existência feliz e produtiva.

O QUE É SER LIVRE

Um exame apressado do significado da liberdade pode concluir que é livre quem se declara liberto de regras, obrigações, convenções, só fazendo o que deseja e lhe dá prazer. Mas essa definição de liberdade é superficial, não passando de um artifício usado pelas pessoas que jamais se debruçaram sobre si mesmas e se perguntaram até que ponto eleger fatores externos para afirmarem-se como seres livres as aprisiona nessa dependência, em vez de libertá-las de tudo que afirmam desobedecer. Manifestações de rebeldia podem exteriorizar a luta pela liberdade, mas são um fim em si mesmas porque possuem um objetivo transitório, que uma vez alcançado perde o sentido. Na busca da liberdade, o homem só abandona a ilusão de tê-la encontrado quando se convence de que sem conquistar a si mesmo não a alcançará; e, quando exercer o autodomínio com a mesma naturalidade com que respira, poderá dizer que é verdadeiramente livre e sábio, e não lhe ocorrerá ensinar a liberdade a quem nunca a possuiu, ou conformou-se em tê-la perdido.

As pessoas que imaginam ser livres por não serem escravas de nada e de ninguém devem examinar essa convicção com muito cuidado, pois ela as impede de se deterem sobre o verdadeiro exame da liberdade. A liberdade só é autêntica quando não depende de nada exterior, mas do conhecimento que precisa existir das suas limitações e da sua autonomia em relação a qualquer influência que possa desviá-las do aperfeiçoamento interior. A liberdade implica, fundamentalmente, o domínio das paixões, sempre à espreita para desvirtuar a conduta moral que brota do interior do indivíduo, levando-o a abandonar a si próprio em troca de ideais passageiros que significam mais fuga ou adiamento de um auto-exame do que a crença profunda nesses ideais. O prazer sensual e a intemperança são outros poderosos inimigos da liberdade. Quem é por eles escravizado abandona a sabedoria que consiste justamente em dominar os próprios apetites, transformando-os, eles sim, em escravos da sua vontade.

Só pode proclamar-se livre quem é autárquico, isto é, quem possui a autonomia moral que o torna independente de opiniões alheias e das convenções que se obriga a assumir, apesar de serem uma fonte inesgotável de sofrimento. Liberdade implica também estabelecer limites e aspirações para o que racionalmente não pode ser alcançável. Ao traçar os objetivos da sua vida, o homem deve ter em mente as limitações de que a natureza o dotou, sejam as do corpo, sejam as do espírito. Como ele não pode voar, igualmente não pode transpor o que a alma tem de incognoscível por causa da sua natureza divina. E se ele pauta a sua vida material à espera de uma riqueza súbita, ou se sonha em ser rei de um glorioso império, nada mais está fazendo do que fugir de um confronto com a realidade, uma doença tão grave como a que pode abatê-lo fisicamente.

QUANDO TRANSGREDIR É SALVAR-SE

enhuma lei deve ser obedecida se for injusta, nenhuma regra deve ser obedecida se desprezar a virtude, nenhum regime político deve ser obedecido se for tirânico e assassino. Obedecer não é submeter-se cegamente, mas estar em harmonia com a liberdade e a vontade interior, lutando com todas as forças para que não sejam usurpadas. E enquanto a obediência cega aniquila a individualidade, somente a rebeldia da desobediência pode criar um novo mundo, rompendo-o das amarras de toda espécie de opressão. O transgressor não é um inimigo da ordem social, mas amigo da sabedoria e da verdade. Colocando-as em primeiro lugar na sua lista de convicções, acredita que sem elas nenhuma vida digna é possível de se realizar plenamente. Quem não pratica a sabedoria e desvirtua a verdade é, este sim, o verdadeiro transgressor – e não quem as aponta como valores supremos da existência, mesmo que injustamente possa ser julgado egoísta e defensor dos seus ideais em detrimento dos da coletividade.

O transgressor pode exprimir-se em diversas linguagens: na prosa, na poesia e até mesmo na música, mas é na filosofia que ele encontra as melhores justificativas para insurgir-se contra tudo que o impede de viver bem. Viver bem significa satisfazer-se com as próprias convicções, porém não as considerando imutáveis e definitivas: sem a prática do exercício da dúvida, nenhum modo de viver é autêntico. Por isso, quem vive bem não tem obrigação de provar que está certo ou errado, nem precisa tentar convencer ninguém de que suas opiniões devem prevalecer sobre quaisquer outras. O transgressor não necessita justificar os seus atos porque, desconhecendo o sentimento de culpa, pratica a mais elevada forma de liberdade – a que brota da fonte primordial do direito positivo, e que por sua natureza está além do arbítrio dos homens.

Portanto, aquele que transgride o que o impede de viver bem está no caminho correto da salvação de si mesmo. Alcançando com isso a felicidade da sabedoria, sabe que quem a possui não se engana quanto às escolhas que faz, tenham importância maior ou menor. Porém, a transgressão não deve ser transformada num modo sistemático de vida, pois isso a aproxima da pregação da anarquia, justamente o que está entre as contestações do transgressor. Ele quer uma sociedade igualitária, justa e equilibrada; quando se revolta não tem por objetivo propor a desordem social, mas um sistema político que respeite a liberdade e as aspirações individuais. A presença do transgressor é fundamental para o equilíbrio da comunidade, que só se aperfeiçoa com o questionamento das suas pretensas verdades e do desmascaramento das suas mentiras, consolidadas para garantir o direito de poucos de influenciar a vida de muitos.

O INDIVÍDUO
E O CIDADÃO

O indivíduo e o cidadão desempenham papéis distintos na sociedade. Embora se trate de uma diferença pouco notada, seu exame pode levar a conclusões interessantes. Desde que nasce, a criança raramente é educada para ser ela mesma, mas mero representante da cidadania, ou seja, alguém cuja vida é pautada pelas convenções da sociedade em que vive. Mesmo que nenhuma dessas convenções seja tão injusta ou paralisante a ponto de precisar ser desafiada, quem limita a sua vida em segui-las se vê – e é visto – como cidadão perfeito, o que poderá causar sério dano à sua alma. O cidadão tem direitos e obrigações para com sua cidade, devendo cumprir o que lhe é pedido e exigir o que lhe é devido, mas raramente permanece atento para que essa troca seja a mais justa e equilibrada possível, conformando-se com as freqüentes injustiças que lhe são infligidas.

Porém, a quem despreza a comunidade só resta abandoná-la para ser coerente com sua rejeição. Sem esse afastamento, a relação com o seu meio será sempre áspera e conflitante, não lhe trazendo benefício de nenhuma ordem. Mas é importante lembrar que, na mesma pessoa, cidadão e indivíduo podem ter uma convivência pacífica e enriquecedora – desde que o indivíduo desempenhe criticamente o papel de cidadão, ou seja, ultrapasse-o ao não se sujeitar às expectativas da comunidade, e principalmente ao se preservar de tudo que possa desviá-lo do caminho que traçou para si. Ao contrário do homem acomodado ao papel de cidadão, cuja preocupação com o mundo é maior que a consigo mesmo, o indivíduo desenvolveu as virtudes do autocontrole, da coragem, da intuição e da sabedoria, das quais se utiliza não apenas em benefício do enriquecimento da sua alma, mas também da comunidade a que pertence. Seus amigos o consideram conselheiro e inspiração para a prática de gestos nobres e justos porque sabem que dele sempre brotarão palavras serenas e sábias.

Quem não se contenta em ser apenas cidadão mantém sua dignidade intocada e seus ideais preservados de influências externas, defendendo-os com todos os meios possíveis, até com o sacrifício da própria vida. E quando as circunstâncias levarem a um conflito entre os seus deveres para com a sociedade e as convicções pessoais, coloca-as sempre em primeiro lugar, jamais as sacrificando em nome do que lhe pareça ser injusto, imoral ou não-ético. Pode-se, portanto, afirmar que o verdadeiro indivíduo é um cidadão aperfeiçoado: na sua falta, a sociedade a que pertence pode transformar-se num mero conjunto de pessoas com um vago objetivo comum, apenas vivendo para cumprir o papel que lhes foi imposto. Por isso, nenhum exercício de cidadania pode ser praticado sem que ela seja representada por cidadãos que, ao preservar a sua individualidade, a enriqueçam com uma contestação serena e firme de tudo que não contribui para o seu aperfeiçoamento.

∾

NÃO SE LEVE A SÉRIO

Viver com seriedade e ao mesmo tempo não se levar a sério são conceitos complementares, embora um pareça excluir o outro. Viver com seriedade significa ter caráter firme e incorruptível, ter opinião própria, amparada por argumentos racionais, e um profundo sentimento de vergonha que impeça a prática de atos contrários à razão e à dignidade humanas. A vida séria, vivida com determinação e autocontrole, contém os preceitos básicos que faltam à vida indigna, conformada que está em nada ousar, nada criar e nada esperar de si mesma. As pessoas que a cultivam, ou seja, as cheias de si, representam um grande mal: são parasitas que, nada contribuindo para o aperfeiçoamento espiritual da humanidade, mostram-se incapazes de se examinar e assim mudar o rumo da sua vida, dando-lhe um significado mais profundo que o de ser apenas serva da perpetuação, triste e conformada, da espécie.

É fácil reconhecer quem se leva a sério: é incapaz de um gesto de humildade, de admitir os seus erros. Quando raramente o faz, justifica-se dizendo que foi induzido a praticá-lo, fugindo à responsabilidade em qualquer situação. Uma pessoa cheia de si não pode impor respeito, porque se considera o centro de todas as coisas e a sede soberana da razão, não deixando espaço para nenhum entendimento humilde com o mundo, que julga ser um simples espectador passivo da sua vontade. Não pode também esperar nenhum aplauso, mesmo que pratique algum ato útil, porque é indisfarçável que o praticou mais como meio de valorizar a própria vaidade do que de ajudar quem quer que seja.

Por sua vez, aquele que não se leva a sério deve estar entre os mais sábios dos sábios, e, como tal, vive a vida com suprema dignidade. Não se levar a sério significa questionar constantemente os próprios valores, trocando-os por outros sempre que isso possa enriquecer o conhecimento, mas significa principalmente encarar a vida com humor, transmitindo-o aos que o cercam como antídoto para os inevitáveis sofrimentos do cotidiano. As pessoas mais sábias são as que se conhecem profundamente, e por isso alcançaram a paz interior refletida no sorriso permanente de quem atingiu a sabedoria de não se encarar com seriedade. Sabem que a verdade última nunca será alcançada, e que levar-se a sério equivale, entre outras coisas, a ter a certeza de encontrar tal verdade. Quanto mais instruída é uma pessoa, menos a sério ela se leva, porque o conhecimento descoberto e adquirido torna nítidas a efemeridade de todas as coisas, a luta insana pela posse de bens materiais e a busca obsessiva da satisfação dos sentidos.

TENHA SOMENTE O NECESSÁRIO

O homem que se conhece verdadeiramente mediante o exame e a prática da virtude está livre da tentação de possuir bens materiais além dos estritamente necessários para viver. Mas aquele que não tem força suficiente para resistir ao desejo de amealhá-los está no caminho oposto da felicidade: quanto mais tem, mais sente vontade de possuir, numa ânsia ilimitada de satisfazer-se sem o conseguir, pois sempre haverá algo novo para comprar, seja-lhe ou não necessário. Uma pessoa assim está em eterna competição com quem ostenta mais, sem pudor de demonstrar a falta de limite para exibir-se perante os outros, como se a posse desmedida de bens fosse a demonstração de superioridade perante eles. Mas essa superioridade é ilusória, constatada por quem algum dia conhecerá a inutilidade da sua ganância, afundando na tristeza que ela lhe trouxe.

Contentar-se com o que possui está entre os mandamentos de viver bem; e, diante das múltiplas ofertas ao seu dispor, alegrar-se por não precisar de nenhuma delas: as coisas indispensáveis são sempre muito poucas. A tentação de possuí-las, porém, pode ser forte, mas quem a ela resiste deve vangloriar-se de ter derrotado esse impulso – o mesmo que o leva a consumir-se em paixões sensuais –, alcançando a vitória sobre si mesmo. O desejo de possuir coisas inúteis faz parte daquilo que a natureza humana tem de misterioso, pois enquanto a razão mostra que elas são desnecessárias, um impulso nascido em tempos imemoriais impele a possuí-las cada vez mais, num processo difícil de ser interrompido.

À obsessão de possuir muitos e quase sempre inúteis bens liga-se naturalmente outra, igualmente prejudicial: a vaidade. Pouca coisa pior pode acontecer a uma pessoa do que ser dominada pela vaidade, a insidiosa inimiga de uma vida virtuosa. Além disso, o vaidoso desconhece a própria ignorância, e sequer se dá ao trabalho de disfarçá-la porque lhe faltam qualidades como a temperança e a sabedoria, sobrando-lhe os defeitos do egoísmo e da importância indevida que se dá. O vaidoso nutre-se das coisas que possui e que exibe na falta de possuir uma importância maior que ilusoriamente pretende ter. O vaidoso não tem amigos verdadeiros porque também não pode sê-lo, pois o que lhe importa é exibir seus bens materiais – que, por consistirem sua razão de viver, são irrelevantes para quem procura no outro uma comunhão espiritual, muito diferente da que o vaidoso pode oferecer.

VIVA A ARTE DE MORRER

Só quem não dedicou a vida a ver na morte a libertação da alma do corpo se atormenta com a sua chegada. Falta-lhe ainda a certeza de encontrar-se com os deuses e os sábios quando essa separação ocorrer: a perspectiva dessa solidão eterna enche-o de pavor. A vida pode parecer curta para a preparação da morte, mas não o é para aquele que se empenhou em viver bem, em praticar a virtude e principalmente em se ocupar da filosofia – porque, se ela ensina a viver, ensina também a morrer. Nesse sentido, quem durante a vida se dedicou a examiná-la a cada dia vê na morte a suprema purificação: ela o separa para sempre do corpo, fonte de sentimentos impuros contra os quais não mais precisará lutar, e de tudo aquilo que o molestava. Por isso é que somente depois da morte, livre do entorpecimento do corpo, o homem atingirá o verdadeiro conhecimento: é a alma que o guiará, de forma pura, em direção ao discernimento da verdade.

A mais bela das mortes é aquela que pode ser chamada de superação heróica da vida, mas só conhece a alegria dessa experiência quem viveu com inquietação e curiosidade. E, refletindo sobre o mundo à sua volta, sabe que somente num outro mundo poderá descobrir a sabedoria verdadeira – ao contrário de quem passa a vida como se já estivesse morto, tentando com isso ensaiar covardemente os seus últimos momentos entre os homens. Morrer exige aquela sabedoria que, brotando da coragem, anula o terror de mergulhar no desconhecido e de saber que com o fim dos infortúnios também se extinguirá a memória das coisas terrenas, tanto as más como as boas. Aquele que na chegada da morte se desespera ama o corpo, não a sabedoria. Porque se não tivesse desistido de aprender, a morte não lhe causaria nenhum tormento, sendo recebida com a paz e a serenidade reservadas aos acontecimentos inevitáveis.

Preparar-se para a morte é o contrário da sua negação: é transformá-la numa companhia, tendo-a sempre presente na vida diária, como se fosse um sagrado aprendizado cujo ápice talvez seja submergir num sono eterno, sem nenhum sonho a perturbá-lo. Os que acham que a morte é o maior de todos os males não refletiram sobre os males que a injustiça pode causar, enquanto os que a sofrem, mesmo tendo levado uma vida virtuosa, ainda assim podem ver na finitude do corpo a mais apavorante tragédia que lhes possa acontecer. Para ser derrotada, a morte precisa ser encarada de frente: só assim ela perde a força que não tem, porque se não houvesse vida, ela não existiria. Fugir da morte equivale a negar a própria essência da vida – e é isso que espera os que a aguardam com medo, inconformados por não possuírem um corpo eterno. Aceitar a morte significa superar a vida heroicamente, e quem o faz com certeza será abençoado pela sabedoria que o acompanhará por todos os caminhos terrenos.

∾

APÊNDICE
SELEÇÃO DE TRECHOS DA *APOLOGIA* E DE CATORZE *DIÁLOGOS* DE PLATÃO

Se o autor da *Apologia* é indiscutivelmente Platão, tal certeza não se aplica a todas as obras a ele atribuídas – cerca de 38 –, das quais se discute a autenticidade de pelo menos dez. Por causa da forma como foram escritas, com exceção de *Apologia* e *Cartas*, ganharam o título genérico de *Diálogos*, que ora funcionam como verdadeiros tratados, ora como manifestações de perplexidade ou de subserviência irrestrita a Sócrates. Nos *Diálogos* é clara a prioridade que se dá ao debate em si, pois raramente seus participantes chegam a alguma certeza unânime, frustrando o leitor que espera por ela. Em sua maioria, Sócrates é o personagem principal que coloca o interlocutor sempre em dúvida sobre a argumentação que apresenta, levando-o a confrontar-se com a própria ignorância e com isso aceitá-la para, então, mostrar-lhe que o conhecimento buscado *já está nele*, cabendo-lhe descobri-lo por si só. A seleção dos *Diálogos* e dos seus trechos aqui apresentada pretende ser uma introdução básica e estimulante para o conhecimento mais amplo e profundo do Sócrates platônico.

APÊNDICE

APOLOGIA

Palavras de Sócrates:
Ignoro, cidadãos, que espécie de influência meus acusadores exerceram sobre vós, mas a mim quase conseguiram que eu esquecesse quem sou, tamanho o poder da sua eloqüência. Porém, afirmo que não proferiram verdade alguma. Entre as mentiras de que fui alvo, uma especialmente me espantou: que se acautelassem contra os meus formidáveis dotes de orador. Mas não se envergonharam de tal acusação, pois eu mesmo desmenti o que disseram, salvo se entendem por formidável aquele que diz a verdade; se assim for, podem chamar-me de orador. [...] Lembro-vos de que compareço a um tribunal pela primeira vez, e aos setenta anos de idade, o que me faz sentir como um estranho na linguagem aqui utilizada. Se eu fosse um estrangeiro, estaria desculpado pelo sotaque e pelo uso das palavras. Peço-vos portanto tolerância idêntica à que concederíeis a um estrangeiro e que vos detenhais com atenção para examinar se o que digo é ou não justo.

∞∞∞

Ora, é possível que alguém pergunte: "Sócrates, tu não poderias viver longe da pátria, em recolhimento e silêncio?" Pois o mais difícil é fazer que alguns dentre vós acreditem que isso seria desobedecer ao deus, e que, por essa razão, eu não ficaria tranqüilo; mas imagino que não acreditariam em mim, pensando que tal afirmação nada mais seria que uma falsa ingenuidade. Se, porém, eu afirmar que o maior bem para um homem é refletir incansavelmente sobre a virtude e os outros temas sobre os quais ouviram-me raciocinar, examinando a mim mesmo e aos outros, e que uma vida sem esse exame é indigna de ser vivida, ainda mais duvidariam do que eu digo. Entretanto, essa é a pura verdade, mas sei que é difícil convencê-los.

ooooo

Nos tribunais ou no campo não é conveniente a mim nem a ninguém tentar buscar todos os meios para fugir da morte. Mesmo nas batalhas se poderia evitá-la, bastando jogar as almas fora e suplicar ao inimigo que nos poupe. Existem ainda outros meios nos perigos individuais, se para evitar a morte se ousa dizer e fazer alguma coisa.

No entanto, senhores, talvez o mais difícil não seja fugir da morte. Bem mais difícil é fugir da maldade, que corre mais veloz que ela. Neste momento eu, velho e preguiçoso como sou, fui alcançado pela mais lenta, enquanto os meus acusadores foram apanhados pela mais veloz: a maldade. Assim, eu me vejo condenado à morte por vós, condenados de verdade, criminosos de improbidade e de injustiça. Eu estou dentro da minha pena, vós dentro da vossa. Essas coisas certamente deveriam acontecer dessa forma. E creio que cada qual foi tratada adequadamente.

ooooo

Afirmo que morrer é uma ou outra dessas duas coisas: ou falta ao morto qualquer sinal de existência e consciência de coisa alguma ou, como se diz, a morte nada mais é que uma mudança da existência e uma migração da alma para outro lugar. E se com a chegada da morte não existir nenhuma sensação, sendo apenas um sono, ela seria uma dádiva maravilhosa. Penso que se alguém escolher a noite que tivesse dormido sem nenhum sono e a comparasse a outras e aos dias da sua vida, não teria dúvida em afirmar que aquela foi a mais doce das noites. Portanto, se a morte se resume a isso, ela é um inestimável presente, pois, dessa forma, uma única noite contém todo o tempo. Mas se a morte é como uma passagem para outro lugar, e se nele estiverem todos os mortos queridos e admirados, qual o maior bem que poderia existir além desse?

ooooo

Vós também, juízes, deveis ter esperança em relação à morte, e considerar como verdade que não pode haver nenhum mal para um homem de bem, nem durante a vida, nem depois da morte, e que os deuses não o abandonam; e que, por isso, o que hoje me sucedeu não se deve ao acaso, mas é a prova de que para mim é melhor morrer agora, libertando-me enfim das coisas terrenas. Essa é também a razão por que meu *dáimon* não se manifestou em nenhum momento, e por que não estou magoado com os que votaram a meu favor ou contra os que me acusaram. Por tudo isso, me parece ser justo que sejais censurados. Mas peço-vos que quando meus filhos crescerem podei puni-los e atormentá-los como estão fazendo comigo sempre que vos parecer que eles cuidam menos da virtude do que das riquezas. E se comprovardes que são merecedores de vossa reprovação, censurai-os como eu a vós. Mas é chegada a hora de partirmos: eu, para a morte, e vós para continuar a viver. Quem terá o melhor destino é segredo, exceto para a Divindade.

O BANQUETE

SÓCRATES: Estimada Diotima, quem são aqueles que filosofam, uma vez que [como vimos] nem os sábios nem os tolos o fazem?
DIOTIMA: Até uma criança sabe que filosofam justamente os que se situam entre uns e outros, e que desses faz parte Eros. A sabedoria é uma das coisas mais maravilhosas que existem, e Eros tem como objeto do seu amor precisamente o que é belo. Logo, temos de admitir que Eros é necessariamente um filósofo, ou seja, situa-se entre o sábio e o tolo, o que se explica pela sua origem: Eros é filho de um pai possuidor de grande sabedoria e inquietação, enquanto a sua mãe é ignorante e passiva. Porém, não me espanta teu equívoco em relação a ele, pois se entendi tuas afirmações, parece-me que identificaste o objeto amado como Eros, e não o sujeito que ama, o que te levou a afirmar ser Eros possuidor de insuperável beleza. De fato, o que merece amor é o que é belo, garboso, sem nenhum defeito. Mas é outra [como te disse] a essência daquilo que ama.
SÓCRATES: É provável que tenhas razão, mas como Eros pode, assim, ser útil à humanidade?
DIOTIMA: É o que vou tentar explicar. Eros tem a natureza e a origem que acabamos de examinar, e tu mesmo concordaste que ele é o amor do belo. Mas alguém poderia perguntar-nos em que consiste o amor do belo. Ou, formulando de outra maneira: quem ama o belo o que realmente deseja?
SÓCRATES: Deseja, penso eu, possuí-lo.

DIOTIMA: Tua resposta, porém, gera uma nova pergunta: o que possuirá quem possuir o belo?

SÓCRATES: Não sei como responder.

DIOTIMA: Contudo, se alguém trocasse o belo pelo bom, e mudasse a primeira pergunta por esta: "que deseja quem ama o que é bom?", qual seria a tua resposta?

SÓCRATES: Que deseja possuí-lo?

DIOTIMA: E o que tem aquele que possui o que é bom?

SÓCRATES: Não vejo dificuldade em responder-te: penso que essa pessoa goza de grande felicidade.

DIOTIMA: Concordo, porque é pela obtenção do que é bom que as pessoas são felizes. Não achas que com essa resposta podemos dar essa discussão por encerrada?

SÓCRATES: Penso que sim.

DIOTIMA: Mas não achas que essa vontade e esse amor são uma aspiração da humanidade? Não crês que todos desejam possuir o que é bom?

SÓCRATES: Creio também que é uma aspiração comum a todos os homens.

DIOTIMA: Mas então, por que não afirmarmos que todos amam, uma vez que todos desejam a mesma coisa? E por que se costuma dizer que apenas uns poucos amam, e outros não?

SÓCRATES: Confesso estar confuso.

DIOTIMA: Mas não há razão para tanto! A origem dessa confusão está em designarmos uma determinada espécie de amor sem evitar sua generalização, enquanto para outras das suas manifestações usamos nomes específicos.

SÓCRATES: Por exemplo?

DIOTIMA: Como não ignoras, "poesia" é um conceito múltiplo. Comumente se denomina criação ou poesia tudo que passa da não-existência à existência. A poesia encontra-se nas manifestações de todas as artes, dando-se o nome de poeta ao artífice que é o seu autor.

SÓCRATES: Concordo plenamente.

DIOTIMA: Contudo, bem sabes que esses homens, chamados "poetas", quase sempre recebem outras designações. Além disso, de toda criação artística, apenas a parte que se ocupa da música e dos versos é chamada de poesia, e os seus autores, de poetas.

SÓCRATES: Não tenho dúvida quanto a isso.

DIOTIMA: Pois o mesmo acontece com o amor. O desejo do bem e da felicidade em geral é em que consiste para todos o ardiloso Eros. Mas existem muitas formas de dar satisfação ao amor: procurar riquezas, praticar esportes, estudar filosofia, às quais, evidentemente, não se pode aplicar os nomes de amante e amado. Somente a uma determinada espécie de amor e aos seus correlatos é que se dá o nome que pertence ao gênero todo: amor, amar, amante...

SÓCRATES: Penso que tua observação é correta.

DIOTIMA: Uma lenda diz que os que amam estão sempre à procura da sua metade, mas, para mim, amar não é procurar nem a metade nem o todo se isso não for bom, pois os homens consentem que se lhes cortem os próprios pés e mãos se estes lhes causam sofrimentos. Penso que ninguém ama o que é seu só pelo fato de ser seu, pois se assim fosse não relutaria em afirmar que só é bom o que é seu. Bons seriam, por exemplo, os seus parentes. Ao contrário, chamariam de mau tudo que lhes fosse alheio. Não!

Os homens amam somente o que lhes parece ser bom. Não pensas assim?

SÓCRATES: Por Zeus, concordo inteiramente!

DIOTIMA: Não podemos, então, chegar à conclusão de que só se ama o que é bom?

SÓCRATES: Sem dúvida.

DIOTIMA: E não devemos acrescentar que só se deseja possuir também o que é bom?

SÓCRATES: Certamente!

DIOTIMA: E não apenas possuir, mas possuir para sempre?

SÓCRATES: Claro!

DIOTIMA: Em resumo, podemos então afirmar que o amor é o desejo de possuir sempre o que é bom?

SÓCRATES: Podemos.

DIOTIMA: Se o amor é isso, como devem praticá-lo os que buscam o que é bom, a fim de que possam dar o nome de amor ao seu esforço?

SÓCRATES: Se soubesse a resposta, nem me ocuparia em admirar tua sabedoria.

DIOTIMA: Pois então vou responder-te: é a criação da beleza, segundo o corpo e segundo o espírito.

SÓCRATES: Creio ser necessária uma digressão mais profunda para compreender o que dizes, tão obscuro me parece ser.

DIOTIMA: Vou, então, falar com maior clareza. Todos os homens desejam procriar segundo o corpo e segundo o espírito. Quando atingimos certa idade, nossa natureza nos impele à procriação, mas ela só se realiza no belo. Dessa forma, a união do homem com a mulher nada mais é que procriação, cujo ato tem muito do divino. Para mim, tanto a procriação como o nascimento são acontecimentos imortais num ser mortal. Tal acontecimento, porém, não se realiza se lhe falta harmonia com o belo; o feio está em completa desarmonia com o divino; o belo, ao contrário, harmoniza-se com ele. Assim, quem anseia procriar, quando se aproxima do que é belo, sente que o desejo e o prazer aumentam de intensidade. Concebe e dá à luz. Quando, ao contrário, é do feio que se aproxima, afasta-se, não procria. É por esse motivo que ama o belo todo aquele que anseia procriar e, como tal, está cheio de desejos, porque o belo o liberta de uma grande dor. Enfim, o amor não é, como pensas, o desejo do que é belo!

SÓCRATES: Se não é assim, então, o que é?

DIOTIMA: É o desejo de procriação no belo.

SÓCRATES: Talvez.

DIOTIMA: Não talvez, mas seguramente o é. E sabes avaliar a importância da procriação? É que ela é a expressão de algo que perdura: é a imortalidade para um ser mortal. E, como examinamos, o desejo de imortalidade está ligado ao do bem. E ainda, como o amor reside na ânsia de possuir perpetuamente o bem, conclui-se que o amor é também o desejo de imortalidade.

FÉDON

Palavras de Sócrates:

Como é aparentemente desconcertante, amigos, isso que os homens chamam de prazer! Que maravilhosa relação existe entre a sua natureza e o que se julga ser o seu contrário, a dor! Tanto um como a outra recusam ser simultâneos no homem, mas procure-se um deles e estaremos sujeitos quase sempre a encontrar também o outro, como se fossem uma só cabeça ligada a um corpo duplo! Parece-me mesmo que Esopo, se nisso tivesse pensado, teria composto uma fábula a esse respeito: a Divindade, desejosa de lhes pôr fim aos conflitos, ao ver frustrado o seu intento, amarrou juntas as duas cabeças; e é por isso que, onde se apresenta um dos corpos, o outro logo aparece.

∞∞∞

Considero que o homem que realmente consagrou sua vida à filosofia e é senhor de legítima convicção no momento da morte possui esperança de ir encontrar para si, para além, excelentes bens quando estiver morto! Mas como pode ser assim? Isso será, Símias e Cebes, o que me esforçarei por vos explicar. Receio, porém, que, quando uma pessoa se dedica à filosofia no sentido correto do termo, os demais ignoram que sua única ocupação consiste em preparar-se para morrer e em estar morto! Se isso é verdadeiro, bem estranho seria que, assim pensando durante toda sua vida, que não tendo presente ao espírito senão aquela preocupação, quando a morte vem, venha a irritar-se com a presença daquilo que até então estivera presente no pensamento e de que fizera sua ocupação!

∞∞∞

O corpo de tal modo nos inunda de amores, paixões, temores, imaginações de toda sorte, enfim, uma infinidade de bagatelas, que por seu intermédio (sim, verdadeiramente é o que se diz) não recebemos na verdade nenhum pensamento sensato nem uma vez sequer. Nada como o corpo e suas concupiscências para provocar o aparecimento de guerras, dissensões, batalhas; com efeito, na posse de bens é que reside a causa original de todas as guerras, e somos irresistivelmente impelidos a acumulá-los, por causa da luxúria, de quem somos míseros escravos! Por culpa sua ainda, e por causa de tudo isso, temos preguiça de filosofar. Mas o cúmulo dos cúmulos está em que, quando conseguimos obter alguma tranqüilidade para voltar-nos então ao estudo de um objeto qualquer de reflexão, súbito nossos pensamentos são de novo agitados em todos os sentidos pela luxúria que nos ensurdece, tonteia e desorganiza, a ponto de tornar-nos incapazes de conhecer a verdade.

∞∞∞

Pois bem, aí estão, Símias, meu amigo, e tu, Cebes, os motivos pelos quais os que, no exato sentido da palavra, se ocupam da filosofia, permanecendo afastados de todos os desejos corporais sem exceção e mantendo uma atitude firme, não se entregam às tentações. A perda de seu patrimônio, a pobreza, não lhes infunde medo, como à multidão dos amigos das riquezas; e da mesma forma, a existência sem honrarias e sem glória, que lhes confere o infortúnio, não é capaz de atemorizá-los, como faz aos que amam o poder e as honras. Por isso eles permanecem afastados dessa espécie de desejos.

De fato, por Zeus! Eis aí por que se aparta de todas essas pessoas, Cebes, o homem que tem alguma preocupação com sua alma e cuja vida não é gasta em mimar o corpo. Seu caminho não se confunde com o daqueles que não sabem para onde vão. Acreditando que não deve agir em sentido contrário à filosofia, nem ao que ela proporciona para libertar-nos e purificar-nos, esse homem volta-se para o lado dela e segue-a na rota que ela lhe aponta.

ooooo

Devemos, com efeito, ser corajosos e fazer tudo que for necessário para obter os conhecimentos verdadeiros – tu e os outros porque ainda viverão bastante, eu simplesmente porque vou morrer. Pois estou disposto, visto que se trata apenas da morte, a não me comportar como filósofo, mas como os homens iletrados, que só pensam em levar a melhor. Repara quando discutem um problema: não se preocupam em absoluto em obter a solução certa, mas o que desejam é unicamente conseguir que todos os ouvintes estejam de acordo com eles. É isso que querem; entretanto, creio que me distingo desses argumentadores pelo menos num ponto: não pretendo convencer os ouvintes de que é verdadeiro tudo que eu disser, embora o deseje secundariamente, mas em primeiro lugar desejo persuadir-me disso. Penso, pois, caro amigo, como um egoísta. Se é verdade o que digo, então é bom estares convencido; se, pelo contrário, não há esperança para quem morre, eu, pelo menos, não terei tornado meus últimos instantes desagradáveis para meus amigos, obrigando-os a suportar minhas lamentações.

ooooo

Se verdadeiramente a alma é imortal, cumpre zelarmos por ela, não só durante o tempo atual, isso a que chamamos viver, mas também pela totalidade do tempo; pois seria um grande perigo não nos preocuparmos com ela. Admitimos que a morte nada mais é que uma total dissolução de tudo. Que admirável sorte não estaria reservada então para os maus, que se veriam nesse momento libertos de seu corpo, de sua alma e da própria maldade! Mas em realidade, uma vez evidenciado que a alma é imortal, não existirá para ela nenhuma fuga possível a seus males, nenhuma salvação, a não ser tornando-se melhor e mais sábia.

FEDRO

Palavras de Sócrates:

A maioria dos homens não nota, entretanto, que ignora a essência das coisas. Isso não os impede de acreditar erroneamente que a conhecem; segue-se daí que no começo de uma pesquisa não definem as suas opiniões, acontecendo depois o que é natural: tais pessoas não concordam consigo mesmas, nem umas com as outras. Evitemos, pois, esse defeito que censuramos em outros.

Como se trata de saber se é melhor ter amizade com alguém que ama do que com alguém que não ama, começaremos assim estabelecendo uma definição do amor, da sua natureza e dos seus efeitos, definição que deverá estar de acordo com a nossa opinião; havemos de nos referir sempre a esses princípios, reduzindo desse modo toda a discussão e examinando se o amor traz vantagens ou prejuízos.

É evidente que o amor é desejo. Sabemos, porém, que os que não amam também desejam os objetos que são belos. Como, pois, distinguiremos entre o que ama e o que não ama? Devemos, além disso, examinar o seguinte: em cada um de nós há dois princípios que nos governam e conduzem, e nós os seguimos para onde nos levam: um é o desejo inato do prazer, outro a opinião que pretende obter o que é melhor. Essas duas tendências que existem dentro de nós concordam por vezes, em outras entram em conflito, por vezes vence uma e por vezes a outra. Ora, quando a tendência que se inspira na razão é a que vence, conduzindo-nos ao que é melhor, chama-se a isso temperança; quando, pelo contrário, o desejo nos arrasta sem deliberação para os prazeres, e é ele que predomina em nós, isso se chama intemperança. A palavra intemperança, contudo, tem vários sentidos, é compreendida de muitas maneiras, e o sentido que se tornou característico faz que o homem que possui essa tendência receba o nome correspondente, e não é belo nem honorífico recebê-lo. O desejo que se relaciona com o comer e que, com os outros desejos, suplanta a noção do que é melhor chama-se "glutoneria". Ela confere àquele que a possui o nome correspondente de "glutão". Quando é o desejo da bebida que exerce a sua tirania, sabe-se o nome vergonhoso que se dá àqueles que se abandonam a ela. Enfim, o mesmo acontece com todos os outros desejos dessa família. Já se torna quase manifesto a que espécie de desejo foi dedicada a exposição que antecedeu. Entretanto, creio que devo explicar-me mais claramente. Quando o desejo, que não é dirigido pela razão, esmaga em nossa alma o prazer do bem e se dirige exclusivamente para o prazer que a beleza promete, e quando ele se lança, com toda a força que os desejos intemperantes possuem, o seu poder é irresistível. Essa força todo-poderosa, irresistível, chama-se Eros ou Amor.

Quando os contágios e os terríveis flagelos caíam sobre os povos como punição pelos pecados antigos, o delírio, tomando conta de alguns mortais e inspirando-os para as profecias, levou-os a descobrir remédios aos males e refúgio contra a cólera divina nas preces e nas cerimônias expiatórias. Foi, pois, ao delírio que se deveram as purificações e os ritos misteriosos que preservaram dos males presentes e futuros o homem verdadeiramente inspirado, animado de espírito profético, revelando-lhe, ao mesmo tempo, o desejo de se libertar desses males.

Existe uma terceira espécie de delírio: é aquele que as Musas inspiram. Quando ele atinge uma alma virgem e ingênua, transporta-a para um mundo novo e inspira odes e outros poemas que celebram as façanhas dos antigos e que servem de ensinamento às novas gerações.

Mas quem se aproxima dos umbrais da arte poética sem o delírio que as Musas provocam, julgando que apenas pelo raciocínio será bom poeta, será um poeta imperfeito, pois que a obra poética inteligente se ofusca perante aquela que nasce do delírio.

CRÁTILO

HERMÓGENES: Mas Sócrates, como eu te dizia antes, Crátilo me confunde; ele diz que há uma conveniência de nomes, porém jamais explica qual para que eu não possa afirmar se sua igno-

APÊNDICE

rância é intencional ou não. Dize-me agora, Crátilo, na presença de Sócrates, se concordas com o que ele tem falado a respeito de nomes, ou tu tens algo melhor a considerar? Se tiveres, qual o teu ponto de vista? Se tiveres, aprenderás com Sócrates, ou ele contigo.

CRÁTILO: Certamente tu não acreditas que possas saber, ou eu explicar, qualquer assunto de importância em tão pouco tempo; de qualquer forma, não um assunto como a linguagem, talvez o mais grandioso de todos.

HERMÓGENES: Certamente não. Porém, como diz Hesíodo, e concordo com ele, "acrescentar a apenas um pouco" já vale a pena. Portanto, caso tu penses que não podes acrescentar absolutamente nada, nem mesmo um pouco, ao seu conhecimento, faze um pequeno esforço e pede a Sócrates, e a mim também, que, com certeza, terá algo a defender.

SÓCRATES: Não sou, de forma alguma, positivo, no sentido que Hermógenes e eu temos nos exercitado sobre esse assunto, por isso não hesites em dizer o que pensas. Se for melhor do que meu ponto de vista, ficarei feliz em aceitá-lo. Também ficarei surpreso se descobrir que tu encontraste opinião mais convincente. Evidentemente, se refletiste sobre tais assuntos, teve quem te fez refletir sobre eles. Por isso, se tens uma teoria melhor para a verdade dos nomes, podes incluir-me entre os teus discípulos.

∞∞∞

SÓCRATES: Tu dizias há pouco, se te lembras, que o ser que dá nome às coisas deve ter conhecido as coisas às quais deu nome. Ainda manténs essa opinião?

CRÁTILO: Eu a mantenho.

SÓCRATES: E tu dirias que o ser que deu os primeiros nomes tinha também um conhecimento das coisas que nomeou?

CRÁTILO: Certamente.

SÓCRATES: Mas como poderia ele aprender ou descobrir coisas baseados nos nomes, se os nomes primitivos ainda não tinham sido dados? Pois, se estamos corretos na nossa opinião, a única maneira de aprender e descobrir coisas é ou descobrir nomes por nós mesmos ou prendê-los a outros.

CRÁTILO: Eu creio que há muita verdade no que tu dizes, Sócrates.

SÓCRATES: Mas se as coisas devem ser conhecidas apenas por seus nomes, como podemos supor que os seres que dão nomes às coisas tinham conhecimento, ou eram legisladores antes que existissem nomes, e portanto, antes que pudessem ter conhecido as coisas?

CRÁTILO: Eu creio, Sócrates, que a verdade neste assunto é que um poder sobre-humano dá às coisas seus primeiros nomes, e que os nomes dados dessa forma são, necessariamente, seus nomes verdadeiros.

SÓCRATES: Então como pode o ser que dá os nomes, se ele foi um ser inspirado ou uma divindade, cair em contradição? Pois não estávamos dizendo ainda agora que ele criou alguns nomes como expressão de inércia e de outros movimentos? Estávamos nós errados?

CRÁTILO: Mas eu creio que um dos dois não é, de forma nenhuma, um nome.

SÓCRATES: Então qual deles ele criou, meu bom amigo: aqueles que são expressão de inércia ou aqueles que são expressão de movimento? Este é um ponto que, como eu disse anteriormente, não pode ser determinado pela enumeração deles.

CRÁTILO: Não dessa forma, Sócrates.

SÓCRATES: Mas se essa é uma guerra de nomes, alguns deles assegurando que são a expressão da verdade, outros contestando tal afirmativa, como ou por que critério devemos nos decidir entre eles? Pois não existem outros nomes aos quais possamos apelar, mas obviamente devemos poder valer-nos de outros meios, outro padrão no qual, sem empregarmos nomes, poderemos deixar claro qual dos dois é o correto; e este deve ser um padrão que revele a verdade das coisas.

CRÁTILO: Concordo.

SÓCRATES: Mas se isso é verdade, Crátilo, então eu suponho que as coisas possam ser conhecidas sem nomes?

CRÁTILO: Claramente.

SÓCRATES: Mas como tu esperarias conhecê-las, a não ser por meio das suas relações, quando são semelhantes umas às outras ou entre elas? Porque a que for outra e diferente delas deve significar alguma coisa igualmente outra e diferente delas.

CRÁTILO: O que estás dizendo é, eu creio, verdadeiro.

∞∞∞

SÓCRATES: Conhecer o método pelo qual se deve aprender ou descobrir as coisas tais como são está talvez acima das minhas e das tuas forças. Contentemo-nos em convir que não se deve partir dos nomes, mas que é necessário aprender e investigar as coisas com base nelas próprias e não os nomes.

CRÁTILO: Aparentemente isso é verdade.

SÓCRATES: Tenhamos também cuidado para que todos esses nomes com a mesma tendência não consigam induzir-nos a erro, se é verdade que os seus autores os estabeleceram com a idéia de que tudo está sujeito a um movimento e transformação constantes, pois acho que eles tinham essa idéia, e se, por acaso, longe das coisas acontecerem assim, são eles que caíram numa espécie de turbilhão no qual se perturbam e se confundem, e para o qual nos arrastam também. Examina, com efeito, o devaneio que me ocorre freqüentemente: devemos ou não dizer que existe uma coisa bela e boa em si, bem como para cada um dos seres em particular?

CRÁTILO: Sim, devemos.

SÓCRATES: Examinemos então essa coisa em si. Não se trata de saber se um rosto ou um objeto do mesmo gênero é belo e se tudo isso parece estar sujeito à transformação, mas de considerar o belo em si. Não diremos que é sempre igual a si próprio?

CRÁTILO: Necessariamente.

SÓCRATES: É então possível, se ele passa sem cessar, indicar por uma designação apropriada primeiro que ele é isso ou aquilo e em seguida que tem uma determinada característica? Enquanto falamos, não se dá o caso de se transformar em outro, de escapar-se e não estar mais no mesmo estado?

CRÁTILO: Sem dúvida.

SÓCRATES: Como atribuir o ser àquilo que nunca está no mesmo estado? Além disso, também não poderia ser conhecido por ninguém. Quando alguém se aproximasse para conhecê-lo, tornar-se-ia outro e diferente, de tal modo que não poderíamos saber o que ele é nem qual o seu estado. Nenhum conhecimento, evidentemente, conhece o objeto a que se aplica se este não possui estado definido.

CRÁTILO: É como tu dizes.

SÓCRATES: Provavelmente, também não se pode falar de conhecimento se tudo se transforma e nada permanece. Se aquilo a que chamamos conhecimento não deixa, por transformação, de ser conhecimento, o conhecimento sempre subsistirá. Todavia, se a própria forma do conhecimento mudar, mudará noutra forma que não a do conhecimento, e já não haverá conhecimento. E se ela muda sempre, nunca haverá conhecimento; donde se segue que não existirá nem sujeito nem objeto para conhecer.

CÁRMIDES

SÓCRATES: Então a moderação não é tranqüilidade, nem a vida moderada é tranqüila, certamente não deste ponto de vista, porque a vida moderada deve ser boa. E de duas coisas, uma é verdadeira: ou nunca, ou muito raramente, as ações tranqüilas aparentam ser, na vida, melhores que as ações expeditas e enérgicas; ou supondo que entre as ações nobres existam tanto tranqüilas como expeditas e veementes: contudo, mesmo se aceitarmos esse fato, a moderação já não será agir tranqüilamente, mas agir expedita e energicamente no andar ou no falar, ou em qualquer outra ação; nem será a vida tranqüila mais moderada que a vida agitada, levando em conta que a moderação é por nós considerada como uma coisa boa e nobre, e que o que é enérgico se mostrou tão bom quanto o tranqüilo.

CÁRMIDES: Concordo plenamente contigo.

SÓCRATES: Então, mais uma vez, presta atenção e olha para dentro de ti; considera os efeitos que a moderação teve em ti mesmo e a natureza daquilo que teve o efeito. Pensa sobre tudo isso e, como um jovem corajoso, dize-me: o que é a moderação?

CÁRMIDES: Na minha opinião, Sócrates, a moderação torna um homem reservado e modesto, daí eu pensar que moderação e modéstia são sinônimos.

SÓCRATES: Muito bem, e tu não acabas de admitir que a moderação é uma qualidade nobre?

CÁRMIDES: Sim, certamente.

SÓCRATES: E que a moderação é uma coisa boa?

CÁRMIDES: Sim.

SÓCRATES: E pode haver coisa boa que não faça bons os homens?

CÁRMIDES: Certamente não.

SÓCRATES: E tu concluirias que a moderação é não somente nobre, mas também boa?

CÁRMIDES: Essa é a minha opinião.

SÓCRATES: Bem, disse eu, mas tu certamente concordarias com Homero quando ele diz que a modéstia não é boa para o necessitado?

CÁRMIDES: Eu concordo.

SÓCRATES: Então eu suponho que, ao mesmo tempo, a modéstia é e não é boa?

CÁRMIDES: Parece-me que sim.

SÓCRATES: Mas a moderação, que só torna melhores, e nunca piores, os homens que a possuem é sempre boa?

CÁRMIDES: Não tenho dúvida quanto a isso.

APÊNDICE

Palavras de Sócrates:

Então tu vês, Crítias, que eu não estava muito errado em temer que não pudesse ter uma noção perfeita sobre a sabedoria. Eu estava correto em me depreciar, pois aquilo que é aceito como a melhor de todas as coisas nunca poderia nos parecer inútil, se eu servi para alguma coisa numa argumentação. Mas agora eu fui inteiramente derrotado, e não consegui descobrir o que o ser que nomeia as coisas chama de moderação ou sabedoria. E, no entanto, admitimos muito mais coisas que seria lícito supor porque admitimos que havia algo como uma ciência da ciência, mesmo que a argumentação nos levasse a crer no contrário e protestasse contra nossa afirmação; e ainda admitimos mais, que essa ciência conhecia os trabalhos das outras ciências (mesmo que esse fato fosse também negado pela argumentação), porque nós queríamos demonstrar que o homem sábio tem conhecimento do que sabe e do que não sabe. Nós também, nobremente, descartamos e nem ao menos consideramos a impossibilidade de um homem saber, de alguma maneira, aquilo que desconhece completamente, porque nossa hipótese foi a de que ele sabe aquilo que ele não conhece, e, na minha opinião, nada pode ser mais irracional. Porém, depois de nos conduzir tão facilmente, o debate continua incapaz de nos levar à verdade; ao contrário, como que brinca conosco, e saiu de seu rumo para provar a inutilidade daquilo que admitimos somente por uma espécie de suposição e ficção de ser a verdadeira definição de moderação e sabedoria: e o resultado, até onde eu entenda, não é tão lamentável assim. Mas falando de ti, eu lamento muito que, tendo tanta beleza, tanta sabedoria e tanta moderação de alma, não tenhas nenhum lucro ou benefício na vida, advindos de tua sabedoria e moderação. [...] Creio, na verdade, que deve haver um erro, e que eu devo ser um mau debatedor, pois acredito sinceramente que a sabedoria e a moderação são coisas realmente boas; e feliz de ti se certamente as possui. Portanto, examina-te a ti próprio e verifica se tens esse dom e se podes aperfeiçoá-lo sem um entusiasmo exagerado, pois se tu o podes, eu te aconselharia antes a me considerar simplesmente como um tolo incapaz de racionalizar tudo; e tenhas certeza de que, quanto mais sábio e moderado fores, mais feliz serás.

MÊNON

MÊNON: A virtude, como eu a entendo, manifesta-se quando quem deseja o que é nobre é capaz de provê-lo por si próprio, e, repetindo o poeta, digo que a virtude é o desejo de coisas nobres e o poder de obtê-las.

SÓCRATES: E aquele que deseja o que é nobre também deseja o bem?

MÊNON: Certamente.

SÓCRATES: Portanto existem alguns que desejam o mal e outros que desejam o bem? Nem todos os homens desejam o bem?

MÊNON: Creio que não.

SÓCRATES: Existem alguns que desejam o mal?

MÊNON: Sim.

SÓCRATES: Tu queres dizer que eles crêem que o mal que eles desejam seja bom ou eles sabem que é mesmo mau e, ainda assim, o desejam?

MÊNON: Acredito nas duas possibilidades.

SÓCRATES: Então tu realmente imaginas que um homem conheça o mal, saiba que é o mal e mesmo assim o deseje?

MÊNON: Certamente que sim.

SÓCRATES: E o desejo é de posse?

MÊNON: Sim, de posse.

SÓCRATES: E aquele que possui o mal crê que esse mal lhe fará bem ou sabe que o mal lhe será danoso?

MÊNON: Alguns crêem que o mal lhes fará bem, e outros sabem que o mal os prejudicará.

SÓCRATES: E, na tua opinião, aqueles que acham que o mal lhes fará bem sabem que o mal é prejudicial?

MÊNON: Certamente que não.

SÓCRATES: Não é obvio que aqueles que ignoram a natureza do mal não o desejam, mas desejam o que supõem ser bom, mesmo que seja, na verdade, um mal? E, se estão enganados e supõem que o mal é o bem, eles na verdade desejam o bem?

MÊNON: Sim, nesse caso.

SÓCRATES: Muito bem. E aqueles que, como tu dizes, desejam o mal e pensam que o mal é prejudicial para quem o possui sabem que serão prejudicados pelo mal?

MÊNON: Eles têm, necessariamente, de saber.

SÓCRATES: E eles não têm de supor que aqueles que são prejudicados se tornam infelizes na proporção do prejuízo que lhes é imposto?

MÊNON: Como poderia ser de outra forma?

SÓCRATES: Mas o infeliz não é malfadado?

MÊNON: Sim, certamente.

SÓCRATES: E será que alguém quer ser infeliz e malfadado?

MÊNON: Eu diria que não, Sócrates.

SÓCRATES: Mas se não existe ninguém que queira ser infeliz, não há ninguém, Mênon, que deseje o mal porque o que é a infelicidade senão o desejo e a posse do mal?

MÊNON: Essa afirmação parece ser verdadeira, Sócrates, e eu admito que ninguém deseja o mal.

SÓCRATES: No entanto, não estavas dizendo há pouco que a virtude é o desejo e o poder de alcançar o bem?

MÊNON: Sim, eu disse isso.

SÓCRATES: Mas se isso pode ser afirmado, então o desejo do bem é comum a todos, e nenhum homem, nesse aspecto, é melhor que outro.

MÊNON: É verdade.

SÓCRATES: E se um homem não é melhor que outro em desejar o bem, ele tem de ser melhor no poder de alcançá-lo?

MÊNON: Exatamente.

SÓCRATES: Então, de acordo com a tua definição, a virtude seria, aparentemente, o poder de alcançar o bem?

MÊNON: Concordo inteiramente.

EUTÍFRON

SÓCRATES: De todas as coisas justas feitas pelos deuses, qual é a mais importante, a principal?

EUTÍFRON: Eu já te disse que aprender todas essas coisas corretamente seria muito fastidioso. Deixa-me dizer-te simplesmente que a piedade ou a santidade consistem em aprender a agradar aos deuses tanto em palavras como em atos, por meio de orações e sacrifícios. Tal piedade é a salvação das famílias e dos Estados, da mesma forma que a impiedade, que não agrada aos deuses, constitui sua ruína e destruição.

SÓCRATES: Eu creio que poderias ter respondido com maior brevidade à importante questão que coloquei, caso assim o desejasses. Mas percebo claramente que não te dispões a me instruir; caso contrário, por que, quando chegamos a este ponto, te afastas do cerne da questão? Se te tivesses limitado a responder à minha pergunta, eu teria certamente, nesse ponto, conhecido a natureza da piedade. No entanto, como aquele que pergunta fica necessariamente dependente daquele que responde, seja o que for que este determine, eu devo continuar – e só posso perguntar novamente: o que é piedoso, o que é piedade? Estás querendo dizer-me que são uma espécie de ciência da oração e do sacrifício?

EUTÍFRON: Certamente que estou.

SÓCRATES: E sacrificar é ofertar aos deuses, e orar é pedir aos deuses?

EUTÍFRON: Parece-me que sim.

SÓCRATES: Então, desse ponto de vista, a piedade é uma técnica comercial que regula as trocas entre deuses e homens?

EUTÍFRON: Creio que me entendeste plenamente.

SÓCRATES: Sim, meu amigo. A razão é que eu sou partidário da tua ciência e devoto minha mente a ela, a fim de que nada do que disseres me escape. Portanto, responde-me: qual é a natureza desse serviço aos deuses? Queres dizer que preferimos pedir e dar presentes a eles?

EUTÍFRON: Sim, é isso.

SÓCRATES: E o modo correto de pedir não é pedir o que nós desejamos?

EUTÍFRON: Certamente.

SÓCRATES: E a maneira correta de dar é oferecer-lhes em retribuição o que eles desejam de nós. Não faria o menor sentido o gesto de oferecer a alguém uma coisa indesejável.

EUTÍFRON: Isso é absolutamente verdadeiro.

SÓCRATES: Então, a piedade é a arte dos homens e dos deuses de fazer negócios uns com os outros?

EUTÍFRON: Essa é uma definição que podes usar, se assim o preferes.

SÓCRATES: Mas eu não tenho preferência por coisa nenhuma, com exceção da verdade. Gostaria, no entanto, que me dissesses que benefícios os nossos presentes dão aos deuses. Não cabe dúvida sobre o que eles nos dão, pois não há nenhuma coisa boa que eles não dêem. Mas como oferecemos alguma coisa boa a eles, em retribuição, está muito longe de me parecer igualmente claro. Se eles dão tudo e nós não damos nada, esse deve ser um tipo de negócio no qual temos grande vantagem sobre eles.

EUTÍFRON: Mas tu imaginas, Sócrates, que os deuses tirem algum proveito das nossas oferendas a eles?

SÓCRATES: Se assim não for, qual é o sentido dos presentes que lhes damos?

EUTÍFRON: O de lhes prestar os tributos de honra, e, como eu estava dizendo agora mesmo, é o que lhes agrada.

SÓCRATES: A piedade, então, é agradar aos deuses, mas não dar a eles nada que os beneficie ou seja por eles estimado?

EUTÍFRON: Eu diria que nada poderia ser mais claro.

SÓCRATES: Então, mais uma vez, repete-se a afirmativa de que a piedade é de agrado dos deuses?

EUTÍFRON: Certamente.

SÓCRATES: E quando fazes essas afirmações, não te espantas de que tuas palavras não se firmem, mas voem com o vento? Tu me acusas de ser Dédalo que as faz agitar-se no ar, sem perceber que existe outro artista muito maior que Dédalo, que faz suas palavras girarem num carrossel, e que esse artista é tu mesmo; porque o argumento, como perceberás, volta para o mesmo ponto. Não estávamos afirmando que o sagrado ou piedoso não é o mesmo que o que é estimado pelos deuses? Tu te esqueceste?

EUTÍFRON: Lembro-me bem.

SÓCRATES: E não estás afirmando que o que é amado pelos deuses é sagrado – e isso não é o mesmo que o que é estimado por eles?

EUTÍFRON: É verdade.

SÓCRATES: Então, de duas, uma. Ou estivemos errados em nossa afirmação anterior ou, se estivemos certos então, estamos errados agora.

EUTÍFRON: Uma das duas afirmações deve ser verdadeira.

SÓCRATES: Então temos de recomeçar e perguntar o que é a piedade. Esta é uma investigação da qual jamais me cansarei enquanto não a solucionar, e suplico que não me desprezes, mas que uses toda a tua capacidade mental e me digas a verdade. Pois, se algum homem sabe a resposta, tu és esse homem, e, portanto, tenho de aprisioná-lo como Proteu até que me digas. Se não conhecesses com absoluta certeza a natureza da piedade e da impiedade, estou certo de que nunca terias, por causa de um servo, acusado teu velho pai de assassinato. Tu não correrias o tremendo risco de fazer o mal diante dos deuses e terias muito respeito pela opinião dos homens. Tenho certeza, portanto, de que conheces a natureza da piedade e da impiedade.

CRÍTON

CRÍTON: Responde-me: o que te impede de sair daqui é o medo do que poderia suceder a mim e aos outros amigos teus? Receias que, se abandonasses a cidade, seríamos alvo de um delator que nos acusaria de ter contribuído para tua fuga e que por causa disso perderíamos nossos bens e pagaríamos pesadas multas ou algo ainda pior? Se esse é o teu receio, não te preocupes, pois nada mais justo que enfrentarmos qualquer perigo com o objetivo de salvar-te. Concorda, pois, com o que te propomos.

ooooo

SÓCRATES: Então as leis [da cidade] dirão: "Considera, Sócrates, se não estamos dizendo a verdade ao afirmar que, em tua presente tentativa [de fugir], acabarás causando-nos um dano. Pois, tendo te nutrido e educado e te dado, bem como a todos os outros cidadãos, uma parcela de todos os bens que temos a oferecer, nós ainda proclamamos a qualquer ateniense, pela liberdade que lhe garantimos, que, se não gosta de nós, quando atingir a maioridade e, sabendo como a cidade funciona, conhecer a maneira como nos comportamos, pode ir para onde bem quiser, e levar todos os seus bens. Nenhuma de nós [as leis] vai proibi-lo ou interferir em sua decisão. Qualquer pessoa que não goste de nós, ou da cidade, e queira emigrar para uma colônia ou para qualquer outra cidade pode ir para onde bem entender, mantendo suas propriedades. Mas aquele que tem experiência e conhece a maneira como administramos a Justiça e o Estado e, mesmo assim, permanece, assina um contrato implícito em que se obriga a agir como nós determinarmos. E aquele que nos desobedece está, como afirmamos, três vezes errado: primeiro porque, ao nos desobedecer, desobedece aos seus pais; segundo porque somos os autores da sua educação; terceiro porque concordou em obedecer adequadamente às nossas ordens, o que não tem feito, sem sequer nos convencer de que nossas normas são injustas; e nós não as impusemos com violência, mas lhe demos a alternativa de obedecer ou nos convencer do contrário, mas ele não faz nenhuma das duas coisas. Esse é o tipo de acusação à qual, como estávamos dizendo, tu, Sócrates, estarás sujeito se alcançares teus objetivos; tu mais que todos os atenienses". Suponhamos agora que eu pergunte: por que eu e não qualquer outro? Elas me replicarão, com justiça, que eu, acima de todos os outros homens, conheço as regras de convivência vigentes na cidade."Esta é uma prova clara, Sócrates", dirão elas,"de que nem nós nem a cidade nos decepcionamos contigo. De todos os atenienses, tens sido o mais fiel habitante da cidade, a qual, por não abandoná-la, supostamente amas. Pois nunca saíste da cidade nem mesmo para assistir aos jogos, com uma única exceção quando foste ao Istmo, e não foste a nenhum outro lugar a não ser quando prestavas serviço militar, pois nunca viajas como os outros homens o fazem. Também não tens nenhuma curiosidade de conhecer outros Estados e suas leis; tuas afeições estão circunscritas a nós e ao nosso Estado; nós somos teus escolhidos prediletos e aquiesceste em que nós te governássemos; e aqui, nesta cidade, geraste e criaste os teus filhos, o que é prova da tua satisfação. Ademais, tu poderias, no curso do julgamento, se quisesses, ter obtido a pena de banimento: o mesmo Estado que se recusa a te libertar agora te teria deixado partir. Mas afirmaste preferir a morte ao exílio e deixaste entender que não te desgostava morrer. E agora esqueceste esses sentimentos refinados e não mostras respeito para conosco, as leis, das quais és o destruidor; tu estás fazendo o que apenas um escravo miserável faria, virando as costas, afastando-te dos pactos e acordos que fizeste como cidadão. E, antes de tudo, responde a esta pergunta simples: 'Estamos corretos em afirmar que concordaste em ser governado por nós por escrito, e não apenas de palavra? Isso é ou não é verdade?'" Como devemos responder? Não devemos concordar?

CRÍTON: Sim, parece-me que devemos.

SÓCRATES: "E o que fazes", continuariam, "além de desrespeitar essa convenção com todas as suas regras? Não a aceitaste nem por meio da força nem por um impulso irrefletido; já decorreram setenta anos, e, ao longo desse período, poderias ter ido embora se não fôssemos do teu agrado ou se as condições por nós propostas não te parecessem justas. Não manifestaste preferência por Esparta, nem por Creta, por cujas leis demonstraste simpatia, nem por outras cidades da Grécia ou de outros países. Saíste menos da Grécia que os aleijados, prova de que ela te agrada e de que nós também te agradamos. E não pretendes ser fiel a nós, as leis da cidade? [...] Raciocina e verás que espécie de recompensa advém para ti e teus amigos da tua insistência em não levar a sério as nossas ordens. Quem duvidará que teus amigos estarão certamente em perigo de perder os bens e ser condenados ao exílio? E se te dirigires para cidades próximas, como Tebas ou Mégara, serás visto como inimigo, porque todos os verdadeiros patriotas te olharão com a desconfiança devida a quem desrespeita as leis. [...] Não faltará quem aponte para ti e diga: 'Eis aí um velho que, com o pouco que lhe resta de vida e sendo por ela apaixonado, não hesitou, para conservá-la, em transgredir as leis mais sagradas'. É possível que encontres quem te poupe se a ninguém atacar, mas se surgir qualquer reclamação de ti, cobrir-te-ás de vergonha e, vítima impotente, nada poderás fazer. [...] Sujeita-te, pois, ao que te aconselhamos e não coloques teus filhos nem tua própria vida em um plano mais alto do que é justo, para que, quando chegares ao inferno, possas defender-te dos juízes. Não te iludas: se realmente fizeres o que planejas, será obedecendo às leis, e assim tua causa e a dos teus não será nem mais justa, nem mais sagrada, na vida ou na morte. Se morreres, serás vítima da injustiça, da que advém não das leis, mas dos homens, e, se daqui saíres coberto de vergonha, desrespeitarás o pacto ao qual estás obrigado e magoarás os que não esperam tal gesto de ti. [...] Não sigas, portanto, os conselhos de Críton, e sim os nossos". Parece que ouço essas palavras como os iniciados nos mistérios dos coribantes acreditam ouvir as flautas. O som dessas palavras invade-me os ouvidos com tal força que nada mais consigo ouvir. Convence-te de que tudo que dissesses em contrário não poderia ser levado em conta. Se, porém, desejas acrescentar algo ao que eu disse, faze-o agora.

CRÍTON: Nada me ocorre a respeito.

SÓCRATES: É então chegada a hora de nos separarmos, seguindo pelo caminho indicado pelo deus.

LÍSIS

SÓCRATES: Meu temor é que todas essas outras coisas, as quais, como dissemos, são queridas por amor a outras coisas, não passem de ilusões e enganos, mas, onde estiver aquele primeiro princípio [a amizade e o bem-querer são incapazes de se referir a qualquer outro], estará o verdadeiro ideal de felicidade. Deixa-me colocar a questão da seguinte forma. Imagina um grande tesouro: o que pode ser um filho, que é mais precioso para um pai que qualquer tesouro? Pois o pai, que considera seu filho o mais precioso dos bens, não valorizaria outras coisas considerando sua relação com seu filho? Quero dizer, por exemplo, se ele soubesse que seu filho tinha ingerido cicuta e achasse que o vinho poderia salvá-lo, ele não valorizaria o vinho?

LÍSIS: Sim, ele o faria.

SÓCRATES: E também o recipiente que contém o vinho?

LÍSIS: Certamente.

SÓCRATES: Mas ele, por conseguinte, valorizaria a porção de vinho e o recipiente de barro que o contém na mesma medida que a seu filho? Não é essa a verdadeira situação desse caso? Toda a ansiedade se origina não dos meios fornecidos em relação ao objeto, mas do objeto em relação ao qual eles são fornecidos. E mesmo que possamos dizer que o ouro e a prata são freqüentemente muito valorizados por nós, essa não é a verdade, porque há ainda outro objeto, seja ele qual for, que valorizamos acima de tudo e por amor ao qual nós adquirimos o ouro e todos os outros bens. Não estou certo?

LÍSIS: Sim, estás.

SÓCRATES: E o mesmo não pode ser afirmado em relação a um amigo? Aquilo que é querido para nós somente por amor a outra coisa não é apropriadamente chamado de querido, mas a verdadeira querença é aquela que limita todas as que chamamos de queridas amizades.

LÍSIS: Isso parece ser verdadeiro. E a verdadeira querença, ou princípio máximo da amizade, não existe em relação a outro ente querido adicional.

SÓCRATES: Então concluímos que a amizade tem algum objeto adicional. Devemos, pois, inferir que o bem é o amigo?
LÍSIS: Creio que sim.
SÓCRATES: E o bem é amado em relação ao mal? Deixa-me colocar esse assunto desta maneira: suponhamos que dos três princípios – o bem, o mal e aquilo que não é nem bem nem mal – restem apenas o bem e o neutro, e que o mal seja mandado para longe e já não mais afete, de nenhum modo, a alma ou o corpo, nem também aquela classe de coisas das quais dizemos não serem inerentemente nem boas nem más; seriam as coisas boas de alguma utilidade ou apenas inúteis para ti? Pois, se já não há mais nada que nos possa fazer mal, nós também já não precisamos de nada que nos faça bem. Então vemos claramente que amamos e desejamos o bem em razão do mal e como remédio para o mal, que era a doença, mas se não houve doença nenhuma, nunca houve necessidade de remédio. Não é essa a natureza do bem – ser amado por nós, que estamos colocados no meio dos dois, por causa do mal? Mas o bem, por si só, é inútil.
LÍSIS: Suponho que não.
SÓCRATES: Então o princípio absoluto da amizade, que encerra todas as suas outras formas, aquelas, quero dizer, que dizem respeito ao amor por outras coisas, é de natureza diferente delas. Porque elas são chamadas de queridas em função de outra querência ou amizade. Mas com a verdadeira amizade ou querência o caso é bem contrário, porque eles se provam amados em função do odiado e, se o odiado fosse mandado para longe, eles não mais seriam amados.

GÓRGIAS

SÓCRATES: Creio que explicaste detalhadamente o que imaginas ser a arte da retórica; e tu queres dizer, se eu não estiver enganado, que na retórica reside a força da persuasão, tendo esta e nenhuma outra função, e que esse é o principal objetivo. És capaz de mostrar outro efeito da retórica que não seja o de persuadir?

GÓRGIAS: Não, a definição me parece perfeita, pois a persuasão é, sem dúvida, a finalidade da retórica.

SÓCRATES: Então, ouve-me, pois eu tenho absoluta convicção de que, se jamais houve um homem que entrou na discussão de um assunto pelo puro amor de conhecer a verdade, eu sou tal homem, e diria o mesmo de ti.

GÓRGIAS: E qual é a tua conclusão?

SÓCRATES: Eu te direi: estou bem consciente de que desconheço o que, de acordo contigo, é a exata natureza e quais são os temas da persuasão de que falas, proporcionada pela retórica, mesmo que tenhas suspeitas sobre ambas as coisas. E eu devo perguntar: qual é o poder de persuasão dado pela retórica? Mas por que, já que tenho uma suspeita, eu pergunto em vez de te afirmar? Não em consideração a ti, mas para que a discussão possa prosseguir de maneira que se torne mais provável tentarmos estabelecer a verdade.

ooooo

GÓRGIAS: Não é bastante confortador não ter aprendido as outras artes, mas somente a arte da retórica e, mesmo assim, não ser de nenhuma forma inferior aos que as dominam?

SÓCRATES: Se o praticante da retórica é ou não inferior nessa matéria é uma questão que de agora em diante examinaremos, se a discussão nos parecer útil em alguma coisa; mas eu preferiria começar por perguntar se ele é ou não tão ignorante sobre o justo e o injusto, o torpe e o honrado, o bem e o mal, como ele o possa ser sobre a medicina e as outras artes. Quero dizer, ele realmente sabe alguma coisa sobre o que é bom e o que é mau, o que é torpe e o que é honrado, o que é justo e o que é injusto inerentemente, ou ele não sabe mais do que um simples método de persuadir o ignorante de que o seu desconhecimento deve ser avaliado como saber mais sobre tais coisas do que qualquer outro que as sabe também? Ou deve o aluno conhecer essas coisas e consultar-te, sabendo-as antes que possa aprender a arte da retórica? Se ele não as sabe, tu, que és o professor de retórica, não o ensinarás, pois não é problema teu; mas tu farás que ele pareça conhecê-las para o vulgo, mesmo que não as conheça; e parecer ser um bom homem, quando não o seja. Ou tu não poderás ensinar-lhe nada de retórica, a não ser que ele conheça, antes, a verdade sobre essas coisas? O que há para ser dito sobre tudo isso? Pelos deuses, eu gostaria que me revelasses o poder da retórica, como disseste que o farias.

GÓRGIAS: Bem, Sócrates, suponho que, se o aluno desconhece tais coisas, eu terei também de ensiná-las a ele.

SÓCRATES: Não digas mais nada, pois nesse ponto tu tens razão; e então aquele que vais transformar num especialista em retórica deve, se ainda não souber a natureza do justo e do injusto, aprender tais coisas de ti.

REPÚBLICA

Divididas em dez livros com praticamente a mesma extensão, e reunidas com o nome de *República ou O Estado*, essas imortais discussões sobre a essência da justiça têm as seguintes personagens: Sócrates (o narrador), Glauco e Adeimantos (filhos de Platão), Céfalos e seu filho Polemarcos, o sofista Trasímacos, seu admirador Cleitofontes e ouvintes que permanecem silenciosos: outros dois filhos de Céfalos – Lísias, famoso orador, e Eutidemo (que não deve ser confundido com o sofista homônimo) –, Carmandites, discípulo de Isócrates, e Niceratos, filho de um famoso magistrado. Os diálogos, ocorridos na casa de Céfalos, um estrangeiro fabricante de escudos, foram narrados por Sócrates a Hermócrates e Crítias. A partir do Livro II, Glauco e Adeimantos praticamente monopolizam as discussões com Sócrates.

LIVRO II

GLAUCO: Tu te contentas em parecer que estamos convencidos de que ser justo é preferível, de todas as maneiras, a ser injusto, ou queres realmente nos convencer?

SÓCRATES: Se estiver ao meu alcance, afirmo que sim.

GLAUCO: Então, não alcançaste teus objetivos. Porque, dize-me: não há uma classe de bens que desejamos e que buscamos pelo que são sem nos importarmos com o resultado da busca, como a alegria e outros prazeres puros, ainda que não tenham nenhuma conseqüência duradoura a não ser o de gozá-los?

SÓCRATES: Sim, concordo que existem bens dessa natureza.

GLAUCO: Mas não existem outros que amamos por si mesmos e por seus resultados, como, por exemplo, a visão, a inteligência, a saúde? Aqueles dois motivos, na minha opinião, nos movem a procurá-los igualmente.

SÓCRATES: Estou de acordo.

GLAUCO: E por último, não encontras uma terceira classe de bens, como praticar exercícios físicos, cuidar da saúde, ou exercer a medicina ou qualquer outra profissão lucrativa? Esses bens, que a meu ver exigem grande dedicação, são úteis e não os buscamos por si mesmos, mas pelas vantagens e ganhos que nos proporcionam.

SÓCRATES: Reconheço essa terceira classe de bens, mas dize-me, aonde queres chegar?

GLAUCO: Em qual dessas três classes te parece estar inclusa a justiça?

SÓCRATES: Creio que na melhor das três, na que os bens devem ser amados por si mesmos e por seus resultados, os que são verdadeiramente gratificantes.

GLAUCO: Não é essa a opinião geral das pessoas que incluem a justiça entre aqueles bens que não merecem nossos cuidados a não ser pela glória e pelas recompensas que trazem, e dos que se deve fugir porque seu custo é muito elevado.

SÓCRATES: Sei que essa é a opinião geral, e foi nela que se baseou Trasímaco para desprezar a justiça e fazer tantos elogios à injustiça. E isso eu não posso compreender, o que pode ser explicado por possuir uma inteligência, ao que parece, muito limitada.

LIVRO IV

SÓCRATES: A moderação é o ordenamento e o controle de certos prazeres e desejos. Esse conceito está curiosamente implícito na assertiva"o homem como senhor de si próprio", e outros traços dessa mesma noção podem ser encontrados na linguagem comum.

ADEIMANTOS: Sem dúvida.

SÓCRATES: Parece haver qualquer coisa de estranho na expressão "senhor de si próprio", uma vez que o senhor é também o servo, e o servo, o senhor; e todas essas definições referem-se à mesma pessoa.

ADEIMANTOS: Certamente.

SÓCRATES: O significado, creio eu, é que na alma humana coexistem dois princípios, um melhor e outro pior, e quando o melhor supera o pior, diz-se que o homem é o senhor de si próprio, e isso é um elogio. Mas quando, em função de má educação ou de más companhias, o princípio melhor, que é também o menor, é subjugado por um poder mais nefasto, nesse caso o homem é culpado e chamado de escravo de si próprio e de inescrupuloso.

ADEIMANTOS: Sim, essas idéias são consistentes.

SÓCRATES: E agora examina o nosso recém-criado Estado, e lá encontrarás uma dessas duas situações. O Estado, como verás, não pode ser considerado senhor de si próprio se as palavras *moderação* e *autodomínio* não expressarem a supremacia do melhor sobre o pior?

ADEIMANTOS: Parece-me que sim.

SÓCRATES: Deixa-me acrescentar que a gama dos mais variados prazeres, desejos e sofrimentos é geralmente encontrada em crianças, mulheres e servos, e nos assim chamados homens livres que pertencem às camadas mais baixas e numerosas da sociedade.

ADEIMANTOS: Certamente.

SÓCRATES: Ao mesmo tempo, os desejos simples e moderados, que seguem a razão e estão sujeitos às rédeas da mente e do bom senso, serão encontrados apenas numa minoria, naqueles mais bem-nascidos e educados.

ADEIMANTOS: Absolutamente verdadeiro.

SÓCRATES: Ambos, como podes perceber, têm um lugar no nosso Estado; e os desejos medíocres da maioria são controlados pelos desejos virtuosos e pela sabedoria da minoria.

ADEIMANTOS: Isso eu percebo claramente.

SÓCRATES: Portanto, se houver alguma cidade que possa ser descrita como senhora de seus próprios prazeres e desejos, e senhora de si mesma, a nossa não poderia reclamar esse título?

ADEIMANTOS: Certamente.

SÓCRATES: Ela também pode, pelas mesmas razões, ser chamada de moderada?

ADEIMANTOS: Sim.

SÓCRATES: E se houver um Estado no qual os governantes e súditos concordem sobre quem deva mandar, esse não será o nosso Estado?

ADEIMANTOS: Sem dúvida.

SÓCRATES: E se os cidadãos estiverem de acordo entre eles, em que classe crês que a moderação será encontrada: na dos governantes ou na dos súditos?

ADEIMANTOS: Imagino que em ambas.

SÓCRATES: Observa, pois, que não estávamos completamente equivocados em nossa afirmação de que a moderação é uma espécie de harmonia.

ADEIMANTOS: Por quê?

SÓCRATES: Ora, porque a moderação difere da coragem e da sabedoria, uma vez que cada uma delas é constituída de uma única parte, uma delas construindo um Estado sensato e a outra um Estado valente; não é assim com a moderação, que se estende pelo todo, percorre todas as notas da escala e produz uma harmonia entre fracos e fortes e os que se situam na média, não importando se tu os supões mais fracos ou mais fortes em sabedoria, poder, fortuna ou seja lá o que for? Então a nossa verdadeira definição de moderação deve ser que ela é o pacto entre os naturalmente superiores e os naturalmente inferiores, o que determinará quem tem o direito de governar tanto o Estado quanto os indivíduos.

LIVRO V

SÓCRATES: Até que os filósofos sejam reis, ou os reis e príncipes deste mundo tenham o espírito e o poder da filosofia, e que a grandeza política e a sabedoria sejam uma mesma coisa, e que as naturezas mais plebéias, que perseguem apenas uma delas com exclusão da outra, sejam compelidas a se afastarem, as cidades nunca estarão livres de seus males – não, nem a raça humana, creio eu. E somente então este nosso Estado terá a possibilidade de existir e ver a luz do dia. Esse era o pensamento, meu caro Glauco, que eu prazerosamente teria exprimido se não parecesse tão extravagante, uma vez que é, deveras, uma coisa difícil estar convencido de que em nenhum outro Estado pode existir felicidade particular ou pública.

GLAUCO: O que queres quer dizer com isso? Eu rogo que consideres que as palavras que acabas de proferir são da espécie que pode fazer que numerosas pessoas, muitas delas bastante respeitáveis, possam, num instante, arrancar os casacos e, agarrando qualquer arma que lhes caia nas mãos, lançar-se sobre ti sem dó nem piedade. E, antes que possas cair em ti, façam coisas que só os deuses podem imaginar, e se não tiveres uma resposta na ponta da língua e a exprimires imediatamente, serás reduzido a cinzas, sem dúvida.

SÓCRATES: Tu me colocaste numa enrascada.

GLAUCO: E com toda a razão; no entanto, farei o que estiver ao meu alcance para tirar-te dela. Mas só o que posso fazer é te oferecer minha boa vontade e bons conselhos, e, talvez, eu possa ser capaz de dar melhores respostas do que qualquer outro às tuas perguntas – e isso é tudo. E agora, tendo tal assistente, tu deves fazer o melhor possível para convencer os descrentes de que tens razão.

SÓCRATES: Devo tentar, uma vez que me ofereces essa inestimável assistência. E eu creio que, se houver uma chance de escaparmos, devemos explicar a eles de quem falávamos quando afirmamos que os filósofos devem governar o Estado; então deveremos ser capazes de nos defender. Será possível descobrir que existem certas naturezas nascidas para o estudo da filosofia e talhadas para ser líderes do Estado, e outras que não nasceram aptas para a filosofia e são destinadas a ser antes seguidoras do que líderes.

GLAUCO: Então vamos a uma definição.

SÓCRATES: Segue meu raciocínio. Espero que, de uma maneira ou de outra, eu possa fornecer-te uma explicação satisfatória.

GLAUCO: Prossiga.

SÓCRATES: Eu ousaria dizer que te recordas, e portanto eu não preciso lembrar-te, de que um amante, se for digno desse nome, deve expressar seu amor não apenas a uma parte do objeto amado, mas à sua totalidade.

GLAUCO: Na verdade, eu não compreendo o que dizes e, portanto, rogo-te que me refresques a memória.

SÓCRATES: Outra pessoa poderia responder como fizeste, mas um homem dado aos prazeres como tu deveria saber que todos aqueles que estão na flor da juventude, de uma maneira ou de outra, causam uma aguilhoada de emoção no peito do amado; e, em função disso, são considerados por este dignos de sua afeição e atenção. Não é esse o comportamento que tu tens com os belos: um deles tem o nariz arrebitado, e tu exaltas seu semblante charmoso; outro tem o nariz adunco, e tu consideras majestática sua aparência; já àquele que não tem o nariz nem arrebitado nem adunco, tu elogias a graça da sobriedade; o rosto moreno é varonil, os loiros são filhos dos deuses; e sobre essa doce "palidez douradinha", como se diz, o que é esse nome senão a invenção de um amante a quem apraz falar em diminutivos e que não desgosta do tom ebúrneo, se este colore uma face juvenil? Numa palavra, tu usarás qualquer desculpa, e não há nada que deixe de dizer, de maneira que não deixe escapar nem uma só flor que viceje na primavera da juventude.

GLAUCO: Se, para justificar a tua argumentação, tu me transformas numa autoridade em assuntos amorosos, eu concordo.

SÓCRATES: E o que dizer dos amantes do vinho? Não os vês fazendo a mesma coisa? Eles se rejubilam com qualquer pretexto para beber algumas taças de vinho.

GLAUCO: Muito bem, é verdade.

SÓCRATES: A mesma verdade vale para os ambiciosos: se não podem comandar todo um exército, contentam-se em comandar apenas uma coluna; se não podem receber honrarias de pessoas verdadeiramente grandes e importantes, se satisfazem em ser honrados por pessoas desconhecidas e comuns – desde que recebam alguma espécie de honra, não importa qual.

GLAUCO: Exato.

SÓCRATES: Ainda uma pergunta: aquele que deseja não importa que tipo de bem, deseja esse bem inteiramente ou apenas parte dele?

GLAUCO: Deseja-o todo.

SÓCRATES: E não podemos dizer do filósofo que ele é amante da totalidade da sabedoria, e não apenas de parte dela?

GLAUCO: Certamente.

SÓCRATES: E aquele a quem não apraz o aprendizado, especialmente na sua juventude, quando ainda não tem a capacidade de julgar o que é bom e o que não é; aquele que afirmamos não ser um filósofo ou um amante da sabedoria, como afirmamos do enfastiado, não que não tenha fome ou que tenha apetite ruim, mas que está inapetente?

GLAUCO: Parece-me que tais afirmações são verdadeiras.

SÓCRATES: Ao mesmo tempo, a aquele que tem sede de qualquer espécie de conhecimento, está sempre interessado em aprender e nunca se satisfaz podemos, com justiça, chamar de filósofo, estou certo? Se é a curiosidade que faz o filósofo, tu descobrirás que criaturas muito estranhas fariam jus a esse nome. Todos os amantes de espetáculos têm desejo de aprender, e devem, portanto, ser arrolados. Os que amam a música também são pessoas que não têm grande afinidade com filósofos, e certamente são as menos interessadas no mundo em atender a uma discussão filosófica e, se pudessem, iriam a qualquer festival dionisíaco encher seus ouvidos com todas as notas musicais; fosse essa atuação na cidade ou no campo – isso não importa –, eles não perderiam uma sequer. Porém, devemos afirmar que todos esses, e outros que tenham gostos semelhantes, como também os professores das artes menores, devam ser filósofos?

GLAUCO: Certamente que não, eles não passam de falsificações. Quem, então, são os verdadeiros filósofos?

SÓCRATES: Aqueles que são amantes da contemplação da verdade.

LIVRO VI

SÓCRATES: E será que não podemos dizer que as mentes mais dotadas, quando são mal-educadas, se tornam as mais especialmente más? Os grandes crimes e o espírito da mais pura maldade não brotam antes de uma natureza plena, arruinada pela educação, do que de alguma natureza inferior, uma vez que as naturezas fracas são dificilmente capazes de grandes bens ou de grandes males?

ADEIMANTOS: Nesse ponto eu creio que tu estás certo.

SÓCRATES: E o nosso filósofo segue a mesma analogia: ele é como a planta que, devidamente nutrida, deve necessariamente crescer e maturar em total virtude, mas, se semeada e plantada em solo inadequado, se torna a mais perniciosa das ervas daninhas, a não ser que seja preservada por algum poder divino. Tu realmente crês, como as pessoas dizem freqüentemente, que nossa juventude é corrompida pelos sofistas, ou que os mestres particulares dessa arte os corrompam num grau que deva nos preocupar? Não será o vulgo que diz essas coisas o maior de todos os sofistas? E não é ele quem condiciona inteiramente a educação de jovens e adultos, homens e mulheres, educando-os como bem lhe aprouver?

ADEIMANTOS: Quando conseguem isso?

SÓCRATES: Quando se reúnem e todos se sentam em assembléia, ou num tribunal de justiça, ou num teatro, ou num acampamento, ou em qualquer outro local de reunião popular, e há então um grande vozerio, e eles lançam loas a coisas que são ditas ou feitas, e culpam outras coisas, em ambos os casos exageradamente, aos gritos e com o bater de palmas, e o eco nas rochas do local onde se reúnem ressoa, redobrando o ruído de seus elogios e acusações – em tal circunstância, o coração de um jovem não pulará dentro do peito, como se costuma dizer? Será que algum aprendizado particular poderá fazer que ele permaneça indiferente a essa onda avassaladora de opinião popular? Ou ele será arrastado pela correnteza? Não terá exatamente as mesmas opiniões sobre o bem e o mal que tem o público em geral – ele agirá como eles agem, será como eles são, não é assim?

ADEIMANTOS: Claro, a necessidade o obrigará a isso.

SÓCRATES: E no entanto há uma necessidade ainda maior da qual ainda não falamos.

ADEIMANTOS: E qual é?

SÓCRATES: A suave força da ameaça de perda de direitos civis, do ostracismo, do confisco ou da morte, a qual, como sabes, esses novos sofistas e educadores, que são o público, recorrem quando suas palavras, por si sós, não lhes garante a obediência.

ADEIMANTOS: É verdade que o fazem, e bem seriamente.

SÓCRATES: Agora, que outra opinião, de algum outro sofista ou indivíduo, pode ter esperança de prevalecer numa circunstância tão desigual?

ADEIMANTOS: Nenhuma, parece-me.

SÓCRATES: Nenhuma, na verdade. Até mesmo fazer tal tentativa seria uma grande loucura; não há, nunca houve, provavelmente jamais haverá nenhum tipo de pessoa que tenha tido outro tipo de educação quanto à virtude que não seja aquele que é fornecido pela opinião pública – eu falo, meu amigo, somente da virtude humana; aquilo que é mais que humano, como diz o provérbio, não está incluso em meu discurso: pois eu tenho certeza de que sabes que, dentro do lamentável estado atual dos governos, qualquer coisa que seja salva e se torne benéfica será salva apenas pelo poder da divindade, como podemos afirmar com absoluta certeza.

LIVRO VII

SÓCRATES: E agora, deixa-me demonstrar, de maneira alegórica, como nossa natureza pode ser iluminada ou não iluminada. Imagina! Seres humanos vivendo numa caverna subterrânea, que tem uma porta aberta em direção à luz que atinge toda a extensão da caverna. Eles vivem ali desde a sua infância, e têm as pernas e o pescoço acorrentados de maneira que não se podem mover, e só podem ver o que está à sua frente, uma vez que as correntes os impedem de virar a cabeça. Sobre eles e atrás deles arde um fogo, a distância, e entre o fogo e os homens acorrentados há um caminho elevado; e tu poderás ver, se olhares, uma parede baixa construída por todo o caminho, como uma dessas telas que os manipuladores de marionetes colocam na frente deles e acima da qual brincam com seus bonecos.

GLAUCO: Posso imaginar a cena.

SÓCRATES: E tu podes ver homens passando pela extensão da parede, carregando toda espécie de recipientes, estátuas e figuras de animais esculpidas em madeira e pedra e vários materiais, que aparecem por cima da parede? Alguns deles falam, outros estão silentes.

GLAUCO: Tu me fazes imaginar uma estranha cena, com estranhos personagens presos.

SÓCRATES: Como nós mesmos; e eles só podem ver as próprias sombras, ou as sombras de seus companheiros, que o fogo projeta na parede oposta da caverna, percebes?

GLAUCO: É verdade. Como poderiam ver mais que as sombras se nunca podem mover a cabeça?

SÓCRATES: E também dos objetos que estão sendo carregados percebes que eles também só podem ver as sombras?

GLAUCO: Sim, percebo.

SÓCRATES: E se pudessem conversar uns com os outros, não suporiam eles estar dando nomes ao que está na frente deles?

GLAUCO: Sem dúvida.

SÓCRATES: E imagina mais uma coisa: se a prisão tivesse um eco que vem do outro lado, eles certamente não imaginariam que a voz de um dos passantes que fala e eles escutam fosse a voz da própria sombra?

GLAUCO: Não há dúvida.

SÓCRATES: Para eles, a verdade seria, literalmente, nada mais que as sombras das imagens.

GLAUCO: Certamente.

SÓCRATES: Agora faze um novo esforço de imaginação e percebe o que aconteceria, naturalmente, se os prisioneiros fossem libertados e percebessem seu erro. A princípio, quando qualquer um deles fosse solto e obrigado a se levantar, virar a cabeça, andar e olhar diretamente em direção à luz, ele sofreria dores agudas; a luminosidade o cegaria e ele não seria capaz de enxergar a realidade da qual, em seu estado anterior, ele só vira as sombras; imagine então que alguém lhe diga que o que vira até então não passava de ilusão, mas que agora, quando ele se aproxima do real e seus olhos se focam em existências mais verdadeiras, ele tem uma visão mais clara – qual seria sua reação? E podes imaginar ainda mais – que seu instrutor está apontando para os objetos que passam e pedindo que ele os nomeie. Ele não ficaria completamente perplexo? Não imaginará ele que as sombras que via anteriormente são mais reais que os objetos que agora lhe são mostrados?

GLAUCO: Isso é ainda mais verdadeiro.

SÓCRATES: E se ele for obrigado a olhar diretamente para a luz não terá uma dor nos olhos que o obrigará a virar-se e olhar para as sombras que ele pode enxergar e que imagina serem, na verdade, mais claras que as coisas que agora lhe são mostradas?

GLAUCO: Correto.

SÓCRATES: E supõe ainda outra coisa. Que ele seja, a contragosto, arrastado pela íngreme e escarpada elevação e colocado, à força, na presença do próprio sol; não é muito provável que ele se sinta ferido e irritado? Quando ele se aproximasse da luz seus olhos estariam ofuscados e ele não conseguiria enxergar nada do que agora se chama realidade.

GLAUCO: Não veria nada a princípio.

SÓCRATES: Ele precisaria se acostumar à visão do mundo superior. No início, veria melhor as sombras, depois os reflexos dos homens e de outros objetos na água, e só depois os objetos em si.

Então ele contemplaria, pasmo, a luz da lua, das estrelas e do céu reluzente; e veria o céu noturno e as estrelas melhor que o sol e o céu claro do dia, não?

GLAUCO: Certamente.

SÓCRATES: No final de tudo, será capaz de ver o sol, e não meros reflexos dele na água, mas o astro em seu devido lugar, e não em outro; e ele o contemplará como ele é na verdade.

GLAUCO: Parece-me que sim.

SÓCRATES: Ele então poderá analisar e descobrir que é o sol que estabelece as estações e os anos, que é o guardião de tudo que existe no mundo visível e, de alguma maneira, a causa de todas as coisas que ele e seus companheiros estavam acostumados a ver.

GLAUCO: Evidentemente, ele antes verá o sol e depois pensará sobre ele.

SÓCRATES: E quando se lembrasse de sua antiga habitação, e da sabedoria da caverna e de seus companheiros prisioneiros, não achas que ele se congratularia consigo mesmo por sua mudança e sentiria pena de seus parceiros?

GLAUCO: Certamente é o que sentiria.

SÓCRATES: E se eles tivessem o costume de conferir honras entre si para aqueles que observassem as sombras passantes com maior acuidade e percebessem as que passavam antes, as que passavam depois e as que passavam juntas, e quem seria, portanto, mais capacitado a tirar conclusões sobre o futuro – tu pensas que ele se importaria com tais honras e glória ou invejaria aqueles que as possuíssem? Ou diria ele como Homero: antes ser um pobre servo de um pobre senhor e suportar os maiores sofrimentos do que pensar como eles e viver a vida deles?

GLAUCO: Sim, eu creio que ele preferiria sofrer qualquer suplício a acalentar essas falsas idéias e viver dessa triste maneira.

SÓCRATES: Imagina novamente se algum desses homens fosse obrigado a sair da luz do sol e fosse recolocado na velha situação: não seria certo que teria seus olhos tomados pela escuridão?

GLAUCO: Sem dúvida.

SÓCRATES: E digamos que houvesse um concurso e ele fosse obrigado a competir com os prisioneiros que nunca saíram da caverna na avaliação das sombras, enquanto sua acuidade visual ainda estivesse fraca, antes que seus olhos se acostumassem com a penumbra (e o tempo de que necessitaria para adquirir novos hábitos de visão poderia ser bastante extenso); ele não faria um papel ridículo? Os homens diriam dele que subiu e, na descida, perdeu a visão; e que seria bem melhor nem ao menos pensar em empreender tal subida; e que se alguém tentasse libertar um outro e conduzi-lo para a luz do sol, o que havia a fazer era prender o criminoso e sentenciá-lo à morte.

GLAUCO: Indubitavelmente.

SÓCRATES: Toda essa alegoria tu podes agora aplicar ao nosso argumento anterior: a caverna é o mundo das coisas visíveis, a luz do fogo é o sol, e não me entenderás mal se presumir que a jornada ascendente é a subida da alma para o mundo intelectual de acordo com minha humilde crença, a qual, a seu pedido, eu expressei – se de maneira correta ou não, só o sabe a divindade. Mas correta ou incorretamente, a minha opinião é de que no mundo do conhecimento a idéia do bem aparece em último lugar, e só é percebida com esforço; e quando é percebida, fica impossível não inferir que ela é a autora universal de todas as coisas belas e retas, criadora da luz nesse mundo das coisas visíveis e a fonte direta da razão e da verdade no inteligível; e que esse é o poder em que se deve basear aquele que quer agir racionalmente tanto na vida pública quanto na vida privada.

LAQUES

SÓCRATES: E supõe que alguém me perguntasse: qual é aquela qualidade comum a qual, dentre todos os usos dessa palavra, tu chamas de agilidade? Eu diria que é a qualidade que consegue abranger muito em pouco tempo, seja no correr, no falar, seja em qualquer outra espécie de ação.

LAQUES: Tu estarias bastante correto.

SÓCRATES: E agora, tenta me dizer da mesma maneira: qual é a qualidade comum que é chamada coragem e que inclui todos os variados usos do termo, quando aplicada tanto ao prazer quanto à dor, e em todos os casos aos quais estive me referindo há pouco?

LAQUES: Eu diria que a coragem é uma espécie de resistência da alma, se devo falar da natureza universal que permeia todas elas.

SÓCRATES: Mas é isso que temos de fazer se queremos responder à questão. E, no entanto, eu não posso afirmar que todas as espécies de resistência podem, em minha opinião, ser consideradas manifestações de coragem. Ouça meu raciocínio: estou certo de que consideras a coragem uma qualidade nobre.

LAQUES: Muito nobre, certamente.

SÓCRATES: E dirias que uma resistência sábia também é boa e nobre?

LAQUES: Muito nobre.

SÓCRATES: Mas o que dirias de uma resistência tola? Ela não é, por sua vez, uma coisa má e prejudicial?

LAQUES: Certamente é.

SÓCRATES: E existe alguma coisa nobre que seja má e prejudicial?

LAQUES: Eu não diria isso, Sócrates.

SÓCRATES: Então tu não chamarias essa espécie de resistência de coragem só porque ela não é nobre e a coragem é nobre?

LAQUES: Estás certo.

SÓCRATES: Portanto, de acordo com o que dizes, somente a resistência sábia pode ser chamada de coragem?

LAQUES: É verdade.

SÓCRATES: Mas sobre o epíteto "sábio": sábio em quê? Em todas as pequenas coisas, bem como nas grandes? Por exemplo, se um homem mostra sua qualidade de resistência em gastar seu dinheiro com sabedoria, mesmo sabendo que, gastando-o, ele vai ter maiores ganhos no final, tu o chamarias de corajoso?

LAQUES: Certamente que não.

SÓCRATES: Ou, por exemplo, se um homem é médico e seu filho, ou qualquer paciente, padeça de uma inflamação nos pulmões e lhe peça para comer ou beber algo [que lhe faria mal] e o médico não permite: isso é coragem?

LAQUES: Não, isso definitivamente não é coragem.

∞∞∞

NÍCIAS: Estive pensando, Sócrates, que tu e Laques não estais definindo a coragem de maneira correta, pois vos esquecestes de um excelente ditado que ouvi dos teus lábios.

SÓCRATES: E qual é ele?

NÍCIAS: Muitas vezes eu te ouvi dizer: "Todo homem é bom na medida em que é sábio, e mau na medida em que é ignorante".

SÓCRATES: É a pura verdade.

NÍCIAS: Portanto, se o homem corajoso é bom, ele também será sábio.

SÓCRATES: Tu o ouviste, Laques?

LAQUES: Sim, eu o ouvi, mas não estou seguro de tê-lo compreendido.

SÓCRATES: Creio que o compreendi: parece-me que quis afirmar que a coragem é uma espécie de sabedoria.

LAQUES: É isso que ele quis dizer?

SÓCRATES: Pergunta diretamente a ele.

LAQUES: Sim, o farei.

SÓCRATES: Explica-lhe, Nícias, o que entendes por esse tipo de sabedoria, pois tu não chamas de sábio o tocador de flauta.

NÍCIAS: Certamente não.

SÓCRATES: E muito menos quem toca a lira.

NÍCIAS: Não, é claro.

SÓCRATES: Mas, então, o que é esse conhecimento, e do quê?

LAQUES: Creio que colocaste o problema muito bem, mas eu gostaria que ele dissesse qual é o conhecimento ou a sabedoria.

NÍCIAS: Quero dizer, Laques, que a coragem é o conhecimento daquilo que inspira medo ou ousadia, na guerra ou em qualquer outra situação.

LAQUES: Que coisa estranha ele está dizendo, Sócrates.

SÓCRATES: Por que achas?

LAQUES: Porque penso que coragem é uma coisa, e sabedoria, outra.

SÓCRATES: Mas é isso que Nícias nega.
LAQUES: Sim, mas ele o faz de maneira tola.
SÓCRATES: Pensa se não seria melhor o instruirmos em vez de atacá-lo.
NÍCIAS: Laques não deseja instruir-me, Sócrates, e tendo afirmado coisas sem sentido, acusa-me de ter feito o mesmo.

TIMEU

Palavras de Sócrates:
Eu poderia me comparar a uma pessoa que, ao contemplar belos animais criados pela arte do pintor ou, melhor ainda, vivos mas em repouso, é tomada pelo desejo de vê-los em movimento ou envolvidos, raivosos, em alguma luta ou conflito para o qual suas formas parecem talhadas – esse é o meu sentimento sobre o estado que temos descrito. Existem conflitos em que todas as cidades, em algum momento, se envolvem; e eu gostaria que alguém me contasse sobre algum combate que nossa própria cidade sustentou contra seus vizinhos e como ela foi à guerra de maneira apropriada e quando, na guerra, demonstrou, pela grandeza de suas ações e pela magnanimidade de suas palavras no negociar com outras cidades, um resultado digno de seu treinamento e educação. Agora eu, Crítias e Hermócrates, tenho consciência de que, por mim mesmo, nunca serei capaz de celebrar a cidade e seus cidadãos de maneira condizente, e não estou surpreso com minha própria incapacidade. Para mim o espantoso é, antes, que os poetas, tanto os atuais como os do passado, não se dêem melhor; não que eu os queira depreciar, mas todos podem ver que eles não

passam de um bando de imitadores que imitam melhor e mais facilmente a vida na qual cresceram; enquanto aquela que está além do que a educação pode ensinar a um homem eles descobrem ser difícil realizar nas ações e ainda mais difícil de, adequadamente, retratar em palavras. Eu tenho consciência de que os sofistas estão cheios de palavras corajosas e belas presunções, mas temo que, sendo eles apenas andarilhos de uma cidade para outra e nunca tendo tido residência própria, tenham concepções falsas sobre filósofos e estadistas, e talvez não saibam o que estes fazem e dizem em tempo de guerra, quando estão lutando ou conferenciando com seus inimigos. Portanto, pessoas da sua classe são as únicas que restam, talhadas pela natureza e educação, a participarem, ao mesmo tempo, da política e da filosofia. Aqui está Timeu de Locris, uma cidade que tem leis admiráveis, que tem fortuna e está à altura de qualquer um de seus concidadãos; ele ocupou os mais importantes e ilustres cargos em seu próprio Estado e, como acredito, atingiu os píncaros de toda a filosofia. E aqui está Crítias, a quem todo ateniense conhece como não sendo novato nas matérias das quais estamos falando. Quanto a Hermócrates, asseguram-me muitas testemunhas que seu gênio e educação o qualificam a tomar parte em qualquer especulação do gênero. E, portanto, quando [ontem] percebi que gostaríeis que eu descrevesse a formação do Estado, prontamente concordei, estando plenamente consciente de que ninguém como vós estaria mais bem qualificado para desenvolver a discussão, e que quando envolvestes vossa cidade numa guerra adequada, vós, entre todos os homens vivos, poderíeis melhor apresentar provas de que ela atua de forma coerente.

TEETETO

Palavras de Sócrates:

A minha arte de parteira é, em muitos aspectos, como a delas; mas da delas difere porque eu atendo homens e não mulheres, e cuido de sua alma, e não de seu corpo, quando está em trabalho de parto; e o segredo da minha arte consiste em examinar completa e detidamente se o pensamento que a mente do jovem dá à luz é um bastardo ou um nobre bem-nascido. E como as parteiras, eu sou estéril, e a recriminação que freqüentemente levantam contra mim de que faço perguntas a outros sem ter a sagacidade de respondê-las é muito justa: a razão é que a divindade me força a ser uma parteira, mas não me permite dar à luz. Portanto, eu mesmo não sou absolutamente sábio, nem tenho nada a mostrar que seja invenção ou fruto da minha própria alma, mas aqueles que comigo conversam são beneficiados. Alguns deles aparentam ficar um tanto entediados no início, mas depois, conforme nossas relações amadurecem, se a divindade é generosa com eles, todos fazem progressos assombrosos; e isso ocorre tanto na opinião de outros como na deles mesmos. É muito claro que eles nunca aprendem nada de mim: as belas descobertas a que chegam devem-se a eles mesmos. Mas é a mim e à divindade que eles devem o impulso. E a prova das minhas palavras é que muitos deles, em sua ignorância ou em sua presunção, me desprezam ou, caindo sob a influência de outros, vão-se embora muito cedo; e então não só perdem o fruto que eu lhes entreguei anteriormente, por amadurecê-lo mal, mas também sufocam seja o que mais tenham em si por causa de maus relacionamentos, orgulhando-se mais de mentiras do que da verdade, e, no final, acabam se vendo a si próprios, como também os outros os vêem, como grandes tolos. Aristides, o filho de Lisímaco, é um deles, e existem muitos outros. Os vadios freqüentemente retornam a mim e imploram que eu novamente me associe a eles, prontos a vir a mim de joelhos, e então, se meu íntimo permite, o que não é sempre o caso, eu os recebo, e eles começam a crescer de novo. Terríveis são as aguilhoadas que minha arte pode despertar e aquietar nos que se associam a mim, exatamente como as dores das mulheres em trabalho de parto; noite e dia eles estão cheios de perplexidade e dores ainda piores que as das mulheres. Deles basta o que fica dito. E há outros que vêm a mim não tendo, aparentemente, nada dentro deles; e quando descubro que eles não precisam da minha arte, eu os persuado por meio de lisonjas a se casar com alguém e, pela graça da divindade, geralmente sou capaz de lhes dizer quem provavelmente lhes fará bem. Muitos deles eu entreguei a Prótico, e muitos a outros sábios inspirados. Eu te conto esta longa história porque suspeito, como na verdade aparentemente tu mesmo achas, que estás em trabalho de parto, concebendo algo majestoso. Vem, pois, a mim, que sou filho de uma parteira e eu mesmo uma parteira e faze o possível para responder bem às perguntas que te farei. E se eu abstrair e eliminar teu primogênito por ter descoberto, por meio da inspeção, que tua concepção não passa de uma sombra vã, não discutas comigo sobre esse assunto, como o fazem as mulheres de quem os primogênitos são tirados. Pois eu na verdade conheci alguns que estavam prontos a me morder quando eu os desapossei de uma tolice amada. Eles não perceberam que o que moveu a minha ação foi a boa vontade, não sabendo que nenhum deus é inimigo do homem, pois o pensamento não estava ao alcance das idéias deles; nem sou eu o inimigo deles nessa história, mas estaria errado se admitisse a falsidade ou sufocasse a verdade. Portanto, uma vez mais, eu repito minha velha pergunta: "O que é o conhecimento?" E não digas que não sabes a resposta: comporta-te como homem que, com a ajuda de Deus, irás encontrá-la.

INDICAÇÕES DE
LEITURA E DE CONSULTA

~

ADORNO, Francesco. *Sócrates*. Tradução de António José Pinto Ribeiro. Lisboa: Edições 70, 1990.

ARENDT, Hannah. *A vida do espírito*. Tradução de Antônio Abranches (vol. 1) e Helena Martins (vol. 2). Rio de Janeiro: Relume-Dumará/Editora UFRJ, 1991.

BENOIT, Hector. *Sócrates – O nascimento da razão negativa*. São Paulo: Moderna, 1996.

BROCHARD, Victor. *Estudios sobre Sócrates y Platón*. Buenos Aires: Editorial Losada, 1945.

BRUGGER, Walter. *Diccionario de filosofía*. Barcelona: Editorial Herder, 1958.

BRUN, Jean. *Socrate*. Paris: Presses Universitaires de France, 1998.

BURNET, John. *O despertar da filosofia grega*. Tradução de Mauro Gama. São Paulo: Siciliano, 1994.

COLLI, Giorgio. *O nascimento da filosofia*. Tradução de Federico Carotti. Campinas: Editora da Unicamp, 1996.

CORBISIER, Roland. *Enciclopédia filosófica*. Rio de Janeiro: Civilização Brasileira, 1987.

CORNFOLD, F. M. *Antes e depois de Sócrates*. Tradução de Valter Lellis Siqueira. São Paulo: Martins Fontes, 2001.

EDWARDS, Paul (org.). *The encyclopedia of philosophy* (4 volumes). Nova York: Macmillan, 1967.

GOTTLIEB, Anthony. *Sócrates*. Tradução de Irley Fernandes Franco. São Paulo: Editora da Unesp, 1999.

HADOT, Pierre. *O que é a filosofia antiga*. Tradução de Dion Davi Machado. São Paulo: Loyola, 1999.

HAMILTON, Edith. *O eco grego*. Tradução de Edson Bini. São Paulo: Landy, 2001.

HONDERICH, Ted (org.). *The Oxford companion to philosophy*. Nova York: Oxford University Press, 1995.

JAEGER, Werner. *Paidéia*. Tradução de Artur M. Parreira. São Paulo: Martins Fontes; Brasília: Editora da UnB, 1961.

JASPERS, Karl. *Socrates, Buddha, Confucius, Jesus*. San Diego: Harcourt Brace & Company, 1985.

JERPHAGNON, Lucien (org.). *Dicionário das grandes filosofias*. Tradução de Artur Morão. Lisboa: Edições 70, s/d.

LABRUNE, Monique; JAFFRO, Laurent (orgs.). *A construção da filosofia ocidental*. Tradução de Cristina Murachco. São Paulo: Mandarim, 1996.

LAÊRTIOS, Diôgenes. *Vidas e doutrinas dos filósofos ilustres*. Tradução de Mário da Gama Kury. Brasília: Editora da UnB, 1988.

LEGRAND, Gérard. *Os pré-socráticos*. Tradução de Lucy Magalhães. Rio de Janeiro: Jorge Zahar Editor, 1991.

LUCE, J. V. *Curso de filosofia grega*. Tradução de Mário da Gama Kury. Rio de Janeiro: Jorge Zahar Editor, 1994.

MESSER, August. *História da filosofia*. Tradução de Adolfo Casais Monteiro. Lisboa: Editorial Inquérito, s/d.

MONDOLFO, Rodolfo. *O pensamento antigo*. Tradução de Lycurgo Gomes da Motta. São Paulo: Mestre Jou, 1971.

MOSSÉ, Claude. *Le procès de Socrate*. Paris: Editións Complexe, 1987.

PÁNIKER, Salvador. *Filosofía y mística – Una lectura de los griegos*. Barcelona: Anagrama, 1992.

PETERS, F. E. *Termos filosóficos gregos*. Tradução de Beatriz Rodrigues Barbosa. Lisboa: Fundação Calouste Gulbekian, s/d.

ROCHA, Zeferino. *A morte de Sócrates – Monólogo filosófico*. São Paulo: Escuta, 2001.

INDICAÇÕES DE LEITURA E DE CONSULTA

RUSSELL, Bertrand. *História da filosofia ocidental* (3 volumes). Tradução de Brenno Silveira. Rio de Janeiro: Companhia Editora Nacional, 1957.

SOLOMON, Robert C.; HIGGINS, Kathleen M. *Paixão pelo saber – Uma breve história da filosofia.* Tradução de Maria Luiza X. de A. Borges. Rio de Janeiro: Civilização Brasileira, 2001.

STONE, I. F. *O julgamento de Sócrates.* Tradução de Paulo Henriques Britto. São Paulo: Companhia das Letras, 1989.

STRATHERN, Paul. *Sócrates em 90 minutos.* Tradução de Cláudio Somogyi. Rio de Janeiro: Jorge Zahar Editor, 1998.

TOMLIN, Frédéric. *Les grands philosophes de l'Ocident.* Paris: Payot, 1951.

TRUC, Gonzague. *História da filosofia.* Tradução de Ruy Flores Lopes e Lionel Vallandro. Porto Alegre: Globo, 1958.

VERNANT, Jean-Pierre. *As origens do pensamento grego.* Tradução de Ísis Borges da Fonseca. Rio de Janeiro: Difel, 2002.

VLASTOS, Gregory. *Socrates: ironist and moral philosopher.* Ithaca: Cornell University Press, 1991.

WINDELBAND, W. *Historia de la filosofía antigua.* Buenos Aires: Editorial Nova, s/d.

O AUTOR

~

J. C. Ismael começou no jornalismo em 1954 como repórter e crítico de cinema em jornais da cidade paulista de São José do Rio Preto, onde nasceu. Formado em Direito, foi crítico de cinema do jornal *O Estado de S. Paulo* e colaborador do Suplemento Literário, dos que o sucederam e do Caderno 2, todos daquele jornal. Foi ainda colaborador da *Folha de S.Paulo* (Ilustrada), da revista *IstoÉ* e do *Jornal da Tarde* (Caderno de Sábado), sempre na área da cultura, tendo publicado cerca de quinhentos artigos, entre resenhas de livros, entrevistas e ensaios. Em 1968 produziu e dirigiu o documentário *Um dia na velhice*, e entre 1978 e 1981 produziu curtas-metragens sobre artes plásticas, inclusive o único existente sobre a obra do pintor Samson Flexor. Editor de antologias poéticas de William Blake e John Donne, é autor de *Cinema e circunstância* (Buriti, 1963), *Thomas Merton, o apóstolo da compaixão* (T.A. Queiroz, 1984), *Alan Watts – A sagração do caminho* (T.A. Queiroz, 1988), *Iniciação ao misticismo cristão* (Record/Nova Era, 1998), do ensaio "O homem aprenderá a viver no presente", da coletânea *Visões do novo milênio* (Mercuryo, 1999) e de *O médico e o paciente – Breve história de uma relação delicada* (T.A. Queiroz, 2002).

IMPRESSO NA
sumago gráfica editorial ltda
rua itauna, 789 vila maria
02111-031 são paulo sp
telefax 11 **6955 5636**
sumago@terra.com.br

------ dobre aqui ------

CARTA-RESPOSTA
NÃO É NECESSÁRIO SELAR

O SELO SERÁ PAGO POR

AC AVENIDA DUQUE DE CAXIAS
01214-999 São Paulo/SP

------ dobre aqui ------

SÓCRATES E A ARTE DE VIVER

CADASTRO PARA MALA-DIRETA

Recorte ou reproduza esta ficha de cadastro, envie completamente preenchida por correio ou fax, e receba informações atualizadas sobre nossos livros.

Nome: _____ Empresa: _____
Endereço: ☐ Res. ☐ Coml. _____ Bairro: _____
CEP: _____ - _____ Cidade: _____ Estado: _____ Tel.: ( ) _____
Fax: ( ) _____ E-mail: _____ Data: de nascimento: _____
Profissão: _____ Professor? ☐ Sim ☐ Não Disciplina: _____

1. Você compra livros:
☐ Livrarias ☐ Feiras ☐ Correios
☐ Telefone ☐ Correios
☐ Internet ☐ Outros. Especificar: _____

2. Onde você comprou este livro?

3. Você busca informações para adquirir livros:
☐ Jornais ☐ Amigos
☐ Revistas ☐ Internet
☐ Professores ☐ Outros. Especificar: _____

4. Áreas de interesse:
☐ Psicologia ☐ Comportamento
☐ Crescimento Interior ☐ Saúde
☐ Astrologia ☐ Vivências, Depoimentos

5. Nestas áreas, alguma sugestão para novos títulos?

6. Gostaria de receber o catálogo da editora? ☐ Sim ☐ Não

7. Gostaria de receber o Ágora Notícias? ☐ Sim ☐ Não

Indique um amigo que gostaria de receber a nossa mala-direta

Nome: _____ Empresa: _____
Endereço: ☐ Res. ☐ Coml. _____ Bairro: _____
CEP: _____ - _____ Cidade: _____ Estado: _____ Tel.: ( ) _____
Fax: ( ) _____ E-mail: _____ Data de nascimento: _____
Profissão: _____ Professor? ☐ Sim ☐ Não Disciplina: _____

Editora Ágora
Rua Itapicuru, 613 7º andar 05006-000 São Paulo - SP Brasil Tel (11) 3872-3322 Fax (11) 3872 7476
Internet: http://www.editoraagora.com.br e-mail: agora@editoraagora.com.br